幸運が舞いおりる「マヤ暦」の秘密

Secrets of the Mayan Calendar

あなたの誕生日に隠された運命を開くカギ

Keiko Kida
木田景子

青春出版社

プロローグ

～幸せが準備されていることに気付いてください～

目に見えない呪縛から解放され光が見えた瞬間

みなさま、こんにちは。この本を手に取っていただき、ありがとうございます！ 関東、関西を中心に、マヤ暦講座や個人セッションをしております、マヤ暦ライフアドバイザー木田景子と申します。

私がマヤ暦と出合ったのは、今から約10年以上も前のことです。今思い返してみますと、私の人生にとって、**この出合いは必然**だったのだと思えてなりません。

その出合いとは、2006年のこと。後に私のマヤ暦の師となる、一般社団法人シンクロニシティ研究会代表、越川宗亮氏の講座を受講したことがきっかけです。そしてその後まもなく、私の人生は大きく変わることとなりました。

一言でいうと、「**本来の自分の姿を知る**」。

これを、マヤ暦を勉強することによって得ることができたのです。

プロローグ

越川代表に出会ったころの私は「本来の自分の姿」とは、大きくかけ離れていました。しかし当の本人はそのことに気付かず生活をしていたのです。

マヤ暦から割り出された本当の自分の姿を知った時に、光を見ました。

そして目に見えない呪縛から解放され、とてもラクになったのを今でもハッキリとおぼえています。

本来の自分の姿を知ることは、宇宙の流れを知ること。それに従って生きていくと、偽りの自分から本当の自分に近づくことができます。

その時、引き寄せが変わり、出会いが変わり、様々な問題が解消されるのです。

では、そんなマヤ暦の魅力とはどんなものなのか？ マヤ暦を知るとどうなるのかについて少しお話ししたいと思います。

マヤ暦とつながることは幸運につながること

「友人はみんな、結婚して家庭を持っているのに、私だけ独身で寂しい」

「共働き夫婦で、夫は土日も出張が多く、すれ違いばかり」

「育児に疲れて毎日クタクタ。子供がかわいいと思えない」

「転職を何度しても、自分に合わない仕事のような気がして、職を転々」

などなど、みなさま、さまざまな悩みがあることと思います。

それは、もしかすると、**本来持って生まれたあるべき姿と、今の状態が少しずれているだけなのかもしれません。**

私は今まで、5000人以上の主に女性の相談を受けてきました。

彼女たちのなかには、マヤ暦で本来の生き方とのずれに気付くことがきっかけで、悩みから離れ、気が付くと、とても幸せな人生を送っている人がたくさんいます。

この本をご覧いただいているみなさまも、マヤ暦が持つ素晴らしいパワーを上手に活用して、人生が劇的に変化する、この奇跡をぜひ体験していただきたいと思います。

順風満帆だった人生に次々と起こる試練

どうして私がそう断言できるのか? といいますと、私自身が「マヤ暦を知って、人生が大きく動き出し幸せになった」、まさにその一人だからです。

プロローグ

私は、両親からたくさんの愛を受けて育ち、大学卒業後は一部上場企業に就職。社内結婚をして、寿退社と順風満帆な日々を送っていました。

しかし、その後はどちらかというと試練の日々。もちろん楽しいこともたくさんありましたが、つらい不妊治療、夫の借金が数百万円もあることの発覚。しかもそのお金は愛人（私の知人！）のために使われていた……。当時はまだまだ未熟で、夫に対して許せない気持ちと募っていた不信感とでいっぱいになり、離婚を決意しました。

でも今思うと、彼が悪いのではなく、私にも多くの原因があったと気付き、反省しています。彼との12年の結婚生活の中で、私は常に依存体質で、彼の顔色を気にして生活していたこと。これが本来の姿から自分を遠ざけていたのです。

離婚後しばらくは、先が見えない不安な日々を過ごしていました。

しかし、その時私は、冒頭でもお話ししたように、越川代表の講座に参加し、マヤ暦を通して考え方や捉え方が変わりはじめていました。

そのおかげで少しずつ、前向きな自分を取り戻すことができはじめたのです。

マヤ暦を勉強することで、**本当の自分の姿を知り、自分がもともと持っていた本来**

の役割で生きていくことの大切さに気付いたのです。

そして、**本来の自分の姿を知ることで、自分の立ち位置がわかり、言動が変わり、その結果、引き寄せるものが変わり、人生も変わりました。**

離婚をきっかけに、本来あるべき私の姿に戻り、その状態で生活していくことで、まるで上手に波乗りができたかのように、流れに乗っていく感覚を日ごとに実感していきました。さらにいろいろなタイミングが合いだし、その先には、素晴らしい出会いがたくさん待っていたのです。

9年前、師匠のすすめもあり、一般社団法人シンクロニシティ研究会のアドバイザー資格を取得し、会社員として働きながらも、徐々に個人セッションと講座を始めていくようになりました。

その後、おかげさまで、マヤ暦セッションも好評で、予約も少しずつ増えていき、再婚をきっかけに、マヤ暦ライフアドバイザーとして独立しました。

セッションを受けてくださったみなさまの嬉しい変化を目の当たりにすることで、人のお役に立てていることの嬉しさ、マヤ暦を仕事にしていくことの自信が少しずつ

プロローグ

生まれました。そして、いつしかこの仕事が天職だと心から思える自分がいました。現在は再婚した夫の協力もあり、公私ともにとても充実した毎日を過ごしています。天職というのはやればやるほど元気になり、やればやるほど拡がるものだと思っています。まさにマヤ暦と共に生きることは私の天職だったのです。

 一人でも多くの方にマヤ暦を知っていただきたい

「必死にやっていた飛び込み営業の仕事ですが、システムの仕事が向いていると言われて転職。やりがいのある日々で仕事の楽しさを知りました」

「失恋や人に裏切られる経験がトラウマになっていましたが、それも必要なことだとわかったら、恐れがなくなり、トントン拍子で結婚が決まりました」

「自分の理想があっての子育てでしたが、叱ってばかりの日々に疲れていました。子供の特性に合わせたら、子供がイキイキとしはじめ、家庭に笑顔が戻りました」

マヤ暦を知り、人生が変わったという方からたくさんの声が届く日々。

そういう人が一人でも増えることで、家庭が、社会が、素晴らしく変化していくのではないかと感じています。

女性は家族のために犠牲になっている人がまだまだ多いと感じています。どれだけ家事や育児をしても家族から認められないこともあるでしょう。しかし、命を生みだすこともできる女性の力はものすごく、家庭の中で女性がご機嫌さんでいることで、子供も夫も心が落ち着き、学校や会社で良い影響を与えていくのではと思います。女性は笑顔ひとつで周囲を幸せにする力があるのです。

私たちはみな女性から産まれてきました。女性がいなければ、誰も産まれてはこられないのです。女性は社会の根幹ともいえるのではないでしょうか？ですからまず、女性のみなさまに元気になっていただきたく、私は日々ブログを書いたり、メルマガで発信したり、一人でも多くの方に光をお届けできるよう活動しています。

また、マヤ暦の特筆すべき点は、親子や兄弟などの家族関係から職場の関係、友達、恋愛などの「関係性」が驚くほど紐解けるということです。ですのでマヤ暦を知ることで、人間関係の悩みも激減します。マヤ暦では、お互いの関係性、立ち位置のようなものを読み解くことができるからです。

それは単なる相性の良し悪しではなく、その相手が自分にとってどんな意味のある

プロローグ

存在であるのか、導いてくれる人なのか、似たタイプの人を持つ人なのか……、そういうことまでズバリ教えてくれるのです。さらに、その人たちとどのように接するとうまくいくかがわかるのです。

そして、人はみな一人ひとり違う存在だということがわかり、誰かの真似をする必要もないこと、相手を変えようとすることもしてはいけないことに気付くことでしょう。マヤ暦を通じて自分の本質を知り、人間関係が良好になれば、次々と幸運が舞いおりてくるのは、当然のことかもしれませんね。

家族、恋人、人間関係、仕事など、さまざまな悩みから解き放たれ、毎日「ご機嫌さん」で過ごすことができる人が増えれば、この社会がどんどん明るくなりますよね。

マヤ暦が、皆様にとっての幸運への道しるべとなりますよう、心から願っています。

あなたの運命を開くカギ

黄色い種

種はすでにあなたの中

赤い蛇

いまの自分は脱ぎ捨てて

白い世界の橋渡し

人と人、人と世界をつなぐ

白い犬

正直に、誠実に、忠実に

青い猿

喜び、楽しみを追究

黄色い人

あなたの「道」をゆく

黄色い戦士

チャレンジをやめない

赤い地球

言霊の力を信じて

白い鏡

心の鏡は曇っていないか

黄色い太陽

おかげ様の精神で輝く

生まれた日によって持っている紋章が決まります

マヤ暦の紋章でわかる

赤い龍

生命の大切さに触れて

白い風

繊細な感性を研ぎ澄ます

青い夜

あなたの夢を言葉に

青い手

ひたむきに手を尽くす

黄色い星

美しさを妥協しない

赤い月

浄化し、新しい流れを

赤い空歩く人

ぶれない芯をあなたの中に

白い魔法使い

「許し」という愛を持って

青い鷲

クールに先を見通す

青い嵐

上昇気流に乗って

紋章の出し方は p55 へ
詳しい解説は p60 から

目次——幸運が舞いおりる「マヤ暦」の秘密

プロローグ
～幸せが準備されていることに気付いてください～

- ◆ 目に見えない呪縛から解放され光が見えた瞬間　4
- ◆ マヤ暦とつながることは幸運につながること　5
- ◆ 順風満帆だった人生に次々と起こる試練　6
- ◆ 一人でも多くの方にマヤ暦を知っていただきたい　9
- ◆ マヤ暦の紋章でわかるあなたの運命を開くカギ　12

目次

第一部 マヤ暦が教えてくれる幸せの法則
～あなたの魂が輝きだす生き方があった～

- 「生年月日」から多くを見抜いてしまうマヤ暦のパワー
- ◆マヤ暦が教えてくれる幸せの法則① 自分を知ることは「幸運体質」になること 24
- ◆マヤ暦が教えてくれる幸せの法則② 幸せの形はひとつじゃない 27
- ◆マヤ暦が教えてくれる幸せの法則③ 吉や凶はない。幸せは自分の捉え方ひとつ 30
- ◆マヤ暦が教えてくれる幸せの法則④ 人はみな違うということを知る 32
- ◆マヤ暦が教えてくれる幸せの法則⑤ すべてのことに意味がある 35
- ◆マヤ暦が教えてくれる幸せの法則⑥ 人間関係は自分が成長するためのもの 37
- ◆マヤ暦が教えてくれる幸せの法則⑦ 人生にはその人のサイクルがある 38
- ◆マヤ暦が教えてくれる幸せの法則⑧ 天職は探さずとも導かれる 40

コラム1 マヤ人の叡智「ゼロの発見」 44

第二部
20種類の「太陽の紋章」で、本当の自分を見つけよう！
〜眠っていた能力を開花させる神秘のエネルギー〜

- 古代マヤの神官が使っていた、「13×20」の260日のリズムとは 48
- あなたの「キンナンバー」と「太陽の紋章」 50
- 20種類の「太陽の紋章」と「ウェイブ・スペル」 59

赤い龍（イーミッシュ）
白い風（イーク） 60
青い夜（アクバル） 63
黄色い種（カン） 66
赤い蛇（チークチャン） 69
白い世界の橋渡し（キーミー） 72
青い手（マニーク） 75
黄色い星（ラマト） 78
赤い月（ムールク） 81
白い犬（オク） 84
青い猿（チューエン） 87
黄色い人（エブ） 90
93

目次

◆ 赤い空歩く人（ベン） 96
　白い魔法使い（イーシュ） 99
　青い鷲（メン） 102
　黄色い戦士（キーブ） 105
　赤い地球（カバン） 108
　白い鏡（エツナブ） 111
　青い嵐（カウアク） 114
　黄色い太陽（アハウ） 117

◆ あなたを助ける「方位」、「時間帯」 120
◆ 東……「赤い龍」「赤い蛇」「赤い月」「赤い空歩く人」「赤い地球」 121
◆ 北……「白い風」「白い世界の橋渡し」「白い犬」「白い魔法使い」「白い鏡」 122
◆ 西……「青い夜」「青い手」「青い猿」「青い鷲」「青い嵐」 123
◆ 南……「黄色い種」「黄色い星」「黄色い人」「黄色い戦士」「黄色い太陽」 124

コラム2　マヤ人の叡智「インラケッチの教え」 125

第三部

マヤ暦から読み解く、あなたの人間関係
~出会いの意味がわかると人生のシフトが起こる~

- ◆生年月日さえわかれば、あの人との関係性まで見えてくる 128
- あなたに導きをもたらす「ガイドキン」 129
- 意志の通じやすい「類似キン」 132
- 刺激を与え合う「神秘キン」 134
- 新しい世界を開く「反対キン」 136
- さまざまな関係性の事例 138
- ご縁と関係性の違い 141
- 同じ紋章を持つことについて 146
- ◆紋章でみる人間関係の読み解き方 148
- 事例① 関係性のない夫婦 151
- 事例② 関係性のある夫婦 153
- 事例③ 父だけが関係性のない家族 155

目次

コラム3 マヤ人の叡智「すべて準備されている」 158

事例④ 反対キンと類似キンの関係性がある部下 160
事例⑤ 親と義理の親のキンナンバーが同じ 162

第四部
あなたの人生の道しるべとなる「4つの時代」とは
～マヤ暦が指し示すリズムに乗るために～

- 13年周期で訪れる「赤の時代」「白の時代」「青の時代」「黄色の時代」 166
- 自分が生きている時代の出し方 168
- 「赤の時代」を生きているあなたへのアドバイス 169
- 「白の時代」を生きているあなたへのアドバイス 171
- 「青の時代」を生きているあなたへのアドバイス 173
- 「黄色の時代」を生きているあなたへのアドバイス 174
- 各色の時代に流れる音の意味 176

コラム4 「鏡の向こうキン」と「絶対反対キン」 178

エピローグ
〜マヤ暦は運命を開く「気付きの学問」〜
181

巻末付録
①関係性について知る 188
②何色の時代を生きているか知る 190

第一部

マヤ暦が教えてくれる幸せの法則

～あなたの魂が輝きだす生き方があった～

「生年月日」から多くを見抜いてしまうマヤ暦のパワー

今までマヤ暦という言葉を耳にしたことはあっても、それが何なのか、ご存じでない方も多いのではないでしょうか？　ですので、まずはマヤ暦について説明したいと思います。

簡単にいいますとマヤ暦とは、マヤ民族が使っていた暦のことです。

マヤ民族は、今から約4000年前、現在のメキシコやグアテマラあたり、つまり中南米、ユカタン半島のジャングルの中に住んでいた部族で、彼らの文明をマヤ文明といいます。

マヤ人は、ある日忽然と姿を消したといわれている民族で、彼らの文明などについては、絵文書が数冊ほどしか残っておらず、石に刻まれた紋章のような、記号のようなものから読み解いていくしかありませんでした。

第一部　マヤ暦が教えてくれる幸せの法則

長い間、なかなか解読されなかったこのマヤ文明ですが、次第にわかってきたことは、マヤ民族は天文学や数学にとても長けていた民族だということ。星の動きなどを観察し、コンピューターで弾き出すのとほぼ変わらない精密なカレンダーを使って生活していた民族だということが判ってきました。

そしてマヤ民族は、約17種類もの暦を作成し、用途によって使い分けていたといわれています。

マヤ民族が使っていたこの約17の暦には、約5125年周期の長期暦、約256年周期の短期暦、28×13カ月＋1日の365日周期のハアブ暦（農耕暦）など、いろいろな周期の暦がありました。

なかでも一日一日のエネルギーを知るために、マヤの神官たちが使っていたといわれる暦が、**260日周期の「神聖暦（ツォルキン暦）」**と呼ばれるものです。

彼らにとって、「時間」は、過去から未来に刻んでいくものではなく、彼らを「案内するもの」であり、彼らを動かす「意識」や「エネルギー」でした。

本書ではこの神聖暦（ツォルキン暦）を、マヤ暦と呼ばせていただきます。そして

このマヤ暦をもとにその人の本質を紐解いていきます。マヤ暦では、260日の一日一日すべてが意味を持ち、それぞれ日によって違うエネルギーが流れていると考えられています。

そして、私たちは、自分が生まれた日のエネルギーに大きく支配されています。なぜなら、自分が望む人生の目的を生きるのに、最もふさわしい日を選んで生まれてきていると考えられているからです。

この生まれた日のエネルギーを中心に、その人の本来の姿を教えてくれるのが「マヤ暦」なのです。

マヤ暦が教えてくれる幸せの法則①
自分を知ることは「幸運体質」になること

「幸運体質」と「シンクロ体質」はつながっている！　と私は思っています。

ですので、幸運体質になるためには、たくさんのシンクロニシティを体験すると良いのです。成功者といわれるすべての人はシンクロの連続を体験しているのです。

シンクロニシティとは、精神科医であり、心理学者である、カール・ユング氏が提唱したもので、日本語では「意味のある偶然の一致」や「共時性」などといわれています。わかりやすくいうと、頭に思い浮かんだ事象と現実の出来事が一致することです。

「〇〇さん最近どうしてるかしら？　と思ったら〇〇さんからメールがきた」
「〇〇のケーキが食べたいな〜と思っていたら、知り合いからいただいた」
「〇〇神社に行ってみたいなと思っていたら、たまたまつけたテレビで放映された」
などです。こうなったらいいなと思うことが叶うって、幸せなことですよね。まさに、願いを自分で引き寄せる「幸運体質」です。

このような「時空を越えた想い」と「実際の現象」が一致するシンクロニシティが起きたということは、タイミングが合っている、歯車がかみ合っている証なのです。だから、もしもシンクロニシティが起きているのに気付かずにいると、幸せのチャンスを逃してしまいます。

例えば、仕事を探している時に、たまたまテレビで知った「こんな仕事したい」と

思っていた案件に出合ったとします。

「先日いいなと思っていた仕事だ！　こんなにすぐに見つかるなんて、きっと意味があるんだ。これは応募するしかない！」

「この仕事やってみたいけど、きっとみんなもそう思うだろうな。どうせ競争率も高いだろうし、私にはムリかな。諦めよう……」

前者はシンクロに気付き、行動を起こし、実現させていく可能性がありますが、後者はせっかくのシンクロにも気付かずチャンスを逃すことになるでしょう。

では、シンクロニシティを起こすにはどうすればいいのでしょうか？

これは、**自分が本来持って生まれたエネルギーを知り、本来の自分の姿で生きていくこと**。これが一番の方法だと感じています。

マヤ暦ではその日によって流れているエネルギーが違うと考えられています。そして私たちはこの世に誕生する前に、今世はこんな人生にしようという設計図を描き、その設計図を達成しやすいエネルギーが流れている日を選んで生まれてくると考えま

第一部　マヤ暦が教えてくれる幸せの法則

す。自分がどのようなエネルギーが流れている日に生まれてきたのか知ることで、自分は何に共鳴する人なのかがわかります。

ですのでもし、自分の設計図から離れた生き方をしていると、チャンスや願いが叶うタイミングとうまくかみ合わなくなってしまうのでしょう。

マヤ暦を通して自分本来の姿を知ることで、この設計図とのずれを修正することができます。自分の持っているエネルギーとシンクロするものに気付きやすくなれば、あなたも「幸運体質」に生まれ変わることでしょう。

マヤ暦が教えてくれる幸せの法則②
幸せの形はひとつじゃない

今、自分は幸せでないと感じている人もいらっしゃることと思います。私もそういう時がありました。

では、あなたが考える幸せとは何でしょうか？

例えば、「大企業に勤務し、お給料がたくさんいただける」とか、「結婚して子供が

いる」とか、「子供が一流大学に合格した」「タワーマンションの最上階に住んでいる」といった、いわゆる一般的に幸せそうに見える形を思い描いているのかもしれません。

しかし、**幸せの形はひとつではありません。まずは、自分で幸せの形を決めつけないことが大切です。なぜなら幸せの形というのは、人によって異なるからです。**

例えば、夫が仕事柄、家を不在にすることが多く、家族が一緒に過ごす時間が少なくて不安だという人も、家族の関係性をマヤ暦で見てみると、母親と子供にしっかりとつながりがあることで、父が不在がちでも子供は寂しいと思わずにいられることもあります。

人によっては、夫婦すれ違いの時間が多いほうが、自分のやりたいことができたり、子供がいないほうが、自分の使命を果たせる人もいます。ですので、人によって何が良いのかは様々なのです。このように、マヤ暦は、「自分たちだけの幸せの形がある」ということを、私たちに教えてくれているのです。

第一部　マヤ暦が教えてくれる幸せの法則

もし、「これで幸せになれるのかしら?」と不安になったら、「好き」と思えることかどうかご自身に問いかけてみてください。

「好き!」のエネルギーは最大です。

好きな人、好きな仕事、好きなインテリア、好きな服……。好きだと思う気持ちになれるものが、どれだけ自分の周りにあるかでテンションが変わってきます。好きなことをしている時間は気分が良くなります。

好きな人といる時もそうですよね。好きな場所もそう。これは好きな気持ちを抱くすべてに当てはまります。

究極をいえば、すべて「好き」で包み込んでしまうことではないでしょうか。好きには、マイナスのパワーではなく、プラスのパワーが帯びています。ということは、幸運を呼び寄せる効果があります。

それは、好きなものから間違いなくパワーをもらっているからです。今、元気がない方は、好きな服で自分を包み、一日を過ごすだけでもどんどんパワーが充電されるはずです。

ぜひ、好きなものを意識してチョイスしていく生活をし、プラスエネルギーを受け、幸運体質に近づけていきましょう。

マヤ暦が教えてくれる幸せの法則③
吉や凶はない。幸せは自分の捉え方ひとつ

マヤ暦には、吉や凶といった考え方がありません。大殺界や天中殺もありません。

なぜなら、すべて自分の捉え方、考え方ひとつだからです。

例えば私が経験した離婚という出来事には、良いも悪いもありません。そこには離婚という事実があるだけです。それが良いとか悪いとかを決めているのは、私たちです。それをどう捉えるかで、人生は、全く変わってきます。

「離婚のおかげで、いろいろな事に気付き、今の私がある」と思えるのであれば、離婚は良いものになりますし、「離婚がなければ、今のようなしんどい目にあわずにすんだ」と思うのであれば、離婚はその人にとって良くないものになるわけです。

あの出来事のせいで、あの人のせいで……。そんなふうに考えてしまうと、不幸に

30

感じるばかりです。そうではなく、あの出来事のおかげで……と、前向きに考えることとも、マヤ暦を活かして生きていくためには大切です。

結局は何が起きても「自分に必要なこと」と捉えることで、次のステージにいけることでしょう。要は捉え方ひとつなのです。

私が今の夫と結婚した当初、小さなケンカが定期的にありました。考えてみると、ほとんど私発信のものだったと思います。勝手に不機嫌になって、イライラしている波動を出し、家事の時にわざと音をたてて、「私、不機嫌なんです！」アピールをしていました。「わかってよ！」というアピールですね。

そんなある日、夫に言われたのです。

「景子さんは今、機嫌を僕に取ってもらおうとしているよね？　それは依存の始まりなんだよ。機嫌は人に取ってもらうものではなく、自分で取るものなんだよ」

言われた瞬間はムッとしたのですが、その言葉が頭から離れず、次の日に落ち着いて考えてみました。考えてみると、1回目の結婚の時に私はかなり、わかってよアピールをしていたことに気付きました。

その時、「機嫌は自分で取ればいいんだ」と納得したのです。

それからは、いつもご機嫌さんでいられるように、自分で自分を満たすように心がけ、自分の機嫌は自分で取るようにしています。我が家では小さなケンカすらなくなり、いつも楽しい空気が流れています。これは家庭だけでなく、職場でも大切なことですよね。

不機嫌な波動を出していたり、誰かに自分の機嫌を取ってもらおうとしていると、また不機嫌になる出来事を引き寄せます。

しかし自分で機嫌が取れれば、どんな時でもご機嫌な波動を出せます。ご機嫌な波動にはどんどんご機嫌なことがやってくることでしょう。

マヤ暦が教えてくれる幸せの法則④
人はみな違うということを知る

自分が本来の姿で生きていくために、まずは、人と比べないということが大原則で

第一部　マヤ暦が教えてくれる幸せの法則

す。人と比べるとどうしても生き辛くなってしまいます。どうしてあの人は、あんなにうまくいっているのに、私はうまくいかないのだろう……と思うと、どんどんしんどくなっていきます。

私も不妊治療中に「私はこんなに高額なお金を払ってまで治療しているのに、なぜ周りの人は自然にどんどん妊娠するのだろう」と苦しみました。

とくに現代は、誰もがSNSで、他人と自分を比較しやすい時代です。例えば、自分の友人知人や、同業者が、毎日楽しそうにしている投稿や、活躍しているように見える投稿を見て、「なんで自分は」と落ち込んでしまう人がいます。

他人のSNSを見て、「私も頑張ろう」と自分の励みに思えないのであれば、見ることをやめてみましょう。

自分は相手より上なのか下なのかにこだわることをやめてみるのです。

評価が高いか、低いか。

給料が上か、下か。

人気があるか、ないか。
点数が高いか、低いか。

このように「比較する」ということをやめるのです。
比べることをやめると、相手が自分より評価が高くても、卑屈になったり、羨むのではなく、純粋に心から尊敬したり、評価を称えることができるようになります。
「自分は自分」といい意味で割り切ることができるのです。

人は、みな違います。違っていいのです！　生まれた日に意味があり、あなたにはあなたの特性があります。あなたは、自分のできること、自分のやることをすればいいのです。

相手の評価が上か下かにこだわり、何かと優劣をつけていると、自分のほうが評価が低い場合、落ち込み、不機嫌になります。自分のほうが評価が高ければ、機嫌よく元気になる。これでは自分の感情にも周りにも振り回されるはめになるでしょう。

マヤ暦で、あなたが持っている特性を知れば、いかに人と比べることが無意味なの

かということがわかるでしょう。

比べることにこだわらなければ、相手を心から応援することができます。そうすると、自分も応援される人になるという好循環が待っていますよ。

決して誰かになる必要はありません。自分らしく生きることが大切なのです。

マヤ暦が教えてくれる幸せの法則⑤
すべてのことに意味がある

マヤ暦では、親、子供、夫、恋人、友人、上司など、自分と自分のまわりの人がどういう関係を持っているのかもわかります。人によっては、関係のある人もいれば、無い人もいます。

その関係性は、すべてに意味があり、あなたのために用意されているものです。それを知ることで周囲の人との関係を改善したり、今の関係をより良くしたりする目安になります。ただベースとして相手を尊重することができていてこその関係性だと思ってください。いくら良い関係性があるとわかっても、相手を尊重できなければうまくいかないでしょう。

例えば、親と子供がまったく「関係性がない」ケースがあります。このようなケースは、「その親が育てる子ではないよ」ということを示しています。これは親が子育てをしなくてもいい、といった意味ではなく、その子は社会に育ててもらう子ということを意味していますので、早くから保育園に預けたり、サッカーのコーチや習い事の先生、おばあちゃんに任せるということをして、親は、あまり口出しをせず、見守る姿勢でいると、親も子も良好な関係でいられるでしょう。

「小さいころから、保育園に預けるなんて、子供が可愛そう」というようなことを言われるかもしれません。しかし、他人の言うことを気にして、仕事を辞めて子育てに専念することだけが正解ではありません。このような「関係性がない」場合はぜひ、お仕事を続けていただきたいです。

ずっと子供と一緒にいることで育児ノイローゼになる方もいます。

その親子に合った、本来の距離感を取った方がお互いにイキイキと生きていくことができるのです。

また、私の夫は、マヤ暦でみると、両親と何の関係性もありません。でも、夫の両親と私は関係性があります。

これはどういうことかというと、マヤ暦の紐解きでは、私の夫は親のために、親と

第一部　マヤ暦が教えてくれる幸せの法則

関係性のあるお嫁さんと結婚した親孝行な息子だということが推測されます。

実際、私の夫は、大阪の実家にほとんど帰りません。

義父は他界していますが義母は一人、大阪にいます。まだ60代で元気ではありますが、私が大阪出張の時に、義母と二人で食事をしたり、お墓参りに行ったりと、私は義母と一緒に楽しい時間を過ごし、そうなっているんだなと感じています。

このように、「関係性がある」ことにも意味があり、「関係性がない」ことにも意味があるのです。また、関係性があるから、必ずその人とうまくいくということでもありません。その関係性の意味について、知ることが大切になってきます。

マヤ暦が教えてくれる幸せの法則⑥
人間関係は自分が成長するためのもの

誰にでも、自分の周りには一人や二人、「相性が合わない」と感じる人がいることと思います。

しかし、マヤ暦には、「相性が良い」人や、「相性が悪い」人はいません。一見、あなたにとってマイナスに思える人であっても、それは宇宙から、あなたに学びを与え

るために用意された人と考えてみてはいかがでしょうか。

また、その人はもしかしたら偽りの姿を生きている場合や、我が強いケースなのかもしれません。我が強い人とは誰しもしんどく感じることがありますものね。

反面教師という言葉があるように、「ああいう人になってはいけない」と、あなたに教え、あなたを成長させるために必要な人かもしれませんし、新しい視点をプレゼントしてくれる人なのかもしれません。

すべての出会いには、意味があります。人生にとって、無駄な出会いを宇宙は用意していません。あなたが「嫌だ」と思う人でも、それは、あなたの人生にとって、大切な意味のある人なのです。

マヤ暦が教えてくれる幸せの法則⑦
人生にはその人のサイクルがある

「今すごく変化があり、忙しい日々を送っている」
「ここのところ何をしてもうまくいかない……」

第一部　マヤ暦が教えてくれる幸せの法則

「なぜか試練ばかりやってくる」

人生には、良い流れに感じる時もあれば、ここが踏ん張り時、という時もあります。

花を咲かせるためには、まずは土を耕し、種をまくことが大切です。芽が出てきたら水やりをし、太陽の光をいっぱい浴び、害虫から守り、大切に育てなくてはいけません。そうして初めて、つぼみが膨らみ、花が咲き、実を付けることができます。

人生も同じです。

マヤ暦では、その人の人生のサイクルを知ることができます。大きく4つの時代に分けて考えていきます。その4つを赤の時代、白の時代、青の時代、黄色の時代と呼び、赤、白、青、黄色の順番に4つの時代が13年ごとに巡ってくると考えます。

そしてこの赤、白、青、黄色をそのまま人生の起承転結にあてはめて考えることもできます。生年月日によって、今、自分がどの時代にあたるかは違いますので、同い年の同僚が、今まさに実がなる時期であっても、自分は、まだ実を育てる時期という

こともあるのです。

自分のサイクルを知ることで、自分の人生の流れ、そして過ごし方の目安がわかるのです。

マヤ暦が教えてくれる幸せの法則⑧
天職は探さずとも導かれる

「やりたいことが見つからない」という声をよく聞きます。

もしかすると、やりたいことは「すごいことじゃないといけない」と思い込んでいるのかもしれません。

しかし、すごいことで、かつ、自分にできることは、そう簡単には見つからないものです。

ですので「やりたいこと」であれば何でもいいのです。どんな小さなことだって大丈夫。まずは小さなことでいいので、やりたいことをしてみることをオススメします。

その中でより、大きなものにつながっていくことでしょう。

第一部　マヤ暦が教えてくれる幸せの法則

私は1回目の結婚の時、仕事を辞め、念願だった専業主婦になりました。しかし、専業主婦をやってみて気付いたのです。私は「人と関わっていたいな」と。

そしてすぐにできることを探しました。新聞の折り込みチラシの求人広告で整形外科の受付募集に目がとまり応募すると、さっそく面接、採用となりました。

お仕事を再開して思ったことは、私はやっぱり、人と関わる仕事が好きだということと。このことに気付けただけでも大きな一歩になりました。

この後、元夫の転勤により、島根へ引越すことになりましたが、前の職場である整形外科の院長に紹介していただいた歯科医院で働くことが決まっており、6年ほどお世話になりました。

そんなある日テレビを見ていたら、島根で活躍されているインテリアコーディネーターが紹介されていました。とてもイキイキとしていて、おしゃれでかっこよくて、私には眩しすぎる女性でした。「いつかお会いしてみたいな〜」と、漠然と思っていたのを覚えています。

そんなある日、バスの待合所で目に飛び込んできたのが、インテリアコーディネーション講座というチラシです。手に取って見てみると、TVで見た憧れのインテリア

コーディネーターさんの講座案内でした。「これは会えるチャンスだ！」と即座に申込み、憧れの方にいとも簡単にお会いすることができたのです。その後、なんとその方のお仕事のお手伝いもさせていただけることに。最初のきっかけは新聞の折り込み広告という小さなものでしたが、行動することでどんどん大きく展開していくのです。

チャンスはふと気になったものに潜んでいる可能性があります。気になったら、まずやってみる。この小さな奇跡が積み重なっていく中で、やがて大きなものにつながっていくのです。

憧れのインテリアコーディネーターさんからある日「今度マヤ暦講座に行くんだけど、一緒に行かない？」と誘われた時も、「なんか面白そう」という興味本位だけでしたが、とにかく行ってみることにしました。

講座に行くと、生年月日だけでいろいろなことが紐解け、なんて楽しいお勉強なのだろうと興奮しました。もっと学びたいと思い、マヤ暦講座に通い続けました。それから離婚などを経て、事務仕事をしながら夜や土日を使ってのマヤ暦の活動。そろそ

第一部　マヤ暦が教えてくれる幸せの法則

ろ離婚して10年という月日が経とうとしていますが、今やマヤ暦は私にとってなくてはならないものとなりました。

ここに至るまでの経緯を振り返ってみますと、すべて小さな奇跡の集合でしかありません。何でもない最初の行動が、これほどまでに大きな結果に結びついていくのです。

ですので、決してあきらめないでください。

今日からでも奇跡は起こせます。

でもそれは自分次第。動くか、動かないかだけです。

気になったら、まずやってみる！　まず行ってみる！　そしてそこで誠意を尽くすのです。すると次の展開がやってきます。こうして、天職との出合いに近づいていくのだなと感じています。

そう、**天職は探すものではなく、向こうからやってくる、もしくは自然に導かれるもの**なのではないでしょうか。

コラム1 マヤ人の叡智「ゼロの発見」

ゼロという数字を発見したのは、西洋文明ではインド人といわれていますが、それよりも早く、マヤ文明でもゼロという概念があったのではないかと考えられています。

それまでは、数字は1からしかなかったのに、どうしてゼロというものを発見したかというと、マヤ人は個人の所有物を持たない民族だったからです。

マヤ人は、自分のものは何もないという考え方を持っていました。すべてがお借りしているものという考え方でしたので、争いがない民族だったといわれています。

自分の所有物をゼロにすることができればすごくラクになりますものね。この考え方をベースにすると土地や家だけではなく、夫も自分のものではないし、子供も自分のものではなくなります。

さらに自分の身体も、自分のものではなく、今生きている間だけ、お借りしているものというように考えることができます。

そういうふうに考えていくと、奪われる心配もないし、失う恐れもないし、減って

第一部　マヤ暦が教えてくれる幸せの法則

いく恐怖もありません。

自分のお金だと思っているから、盗まれたら嫌だという恐怖が生じたり、相続争いが起きます。自分のパートナーや子供を自分の所有物だと思っているから、相手が自分の意図と違う行動を取るとストレスになったり不平が生じてくるのです。

でも、最初からゼロ、つまり自分の物は何もないと考えることができると、相手が思い通りの行動を取らなくても、何も不満に思うことはありません。

心配も、プライドも、恐れも、要求も、執着もそういったもの全てのことをゼロに近づけることで、すごくラクになれるということを、マヤ人は教えてくれているのです。

そして、その究極は、自分自身さえもゼロにすることです。これはなかなか難しいことですが、これができると、さらに生きていくことがラクになります。

例えば、外出中に急に雨が降ってきて、家にいる夫が洗濯物を取り込んでくれているだろう、と期待して帰ると、取り込んでいない……。期待していたので、「何で洗濯物を入れてくれないの⁉」となるわけです。

でも、最初から期待をゼロにして帰れば、洗濯物が家の中に取り込まれていたら嬉

しいですし、洗濯物が雨でびしょびしょであったとしても、「まあ、仕方ないな」となるわけです。

期待、要求をゼロにすることで、人生はすごくラクになります。人と比較することもゼロにすると、さらに生きていくことがラクになるでしょう。

第二部

20種類の「太陽の紋章」で、本当の自分を見つけよう!

～眠っていた能力を開花させる神秘のエネルギー～

古代マヤの神官が使っていた、「13×20」の260日のリズムとは

神聖暦（ツォルキン暦）は、マヤ暦がベースとなる暦で、13日×20の、260日のサイクルです。

まず、なぜ13という数字なのか。

マヤでは、13は「宇宙の定数」と考えられています。

月は、地球の周りを1年で13周します。

私たち女性には生理がありますが、生理のことを「月のもの」というように、女性は特に月の影響を受けています。

生理も、28日周期の人は1年に13回あります。

ほかにも、星々の回転周期や、星が一直線上に並ぶ邂逅（かいこう）周期も、13の倍数に近いものが多く、自然のリズムに合っているものなのです。

キリスト教圏では不吉な数字といわれている13ですが、マヤ暦では封印を解く数字

といわれています。

トランプも13枚で、13番目には王様を表すキングが位置しています。ちなみに、トランプは、13枚×4＝52枚で成り立っていますが、マヤの還暦も、52歳。トランプのカードの数と一緒です。

タロットカードも78枚で13の倍数ですし、マヤとも縁の深い亀の甲羅の紋の数も13です。

ですので、13は決して不吉な数字ではなく、13を使うことで、自分の隠されている可能性が開く、才能が目覚めるなど、新しい扉を開く数字と考えると良いでしょう。

次に20という数字は、マヤ暦では、「私たちの祖」、「DNA」、「命にまつわる数字」と関係が深く、例えば、私たちの手足の指の数が合わせて20本だったり、タンパク質を構成する重要なアミノ酸の数が20だったりと「生命の定数」と言われています。

日本では、たまたまかもしれませんが、成人の年齢が20歳だったり、伊勢神宮の遷宮も20年に1回というように、20という数字が節目にもなっています。

この13と20という数字を組み合わせた260という数字は、DNAから宇宙まで、つまり最小のものから最大のものまでを貫くことができると考えられているわけです。

マヤ暦に触れることで、宇宙とDNAがつながることができるとも言えます。

私たちは無意識に呼吸をしていますが、1日で2万6000回ほど呼吸をしているそうです。月の引力によって作り出されている波も1日2万6000回ほどだそうです。波の音を聞いていると心が落ち着くのは、呼吸との周期が一致しているからなのでしょう。このように、13×20という数字は、私たちにとって、無理がなく、生きやすい自然のリズムなのです。

あなたの「キンナンバー」と「太陽の紋章」

マヤ暦を使う本書では、まず自分の「KIN（キン）」を知ることから始まります。

私たちは、一人一人、自分が描いた設計図を持って、自分の目的を達成しやすい日を選んで生まれてきていると、先にもお話ししましたが、マヤ暦では、260日、一

第二部　20種類の「太陽の紋章」で、本当の自分を見つけよう！

日一日、違うエネルギーが流れていると考えられています。

そこで、あなたが、どんなエネルギーが流れている日に生まれてきたのか、誕生の瞬間、胸いっぱい吸い込んだエネルギーが何であるかを知ることへとつながります。

そしてこの260のエネルギーを示すのが、「キンナンバー」といわれるものです。

キンとは、「今日はキン127の日」というように、その日、一日を指したり、「あなたはキン96の人」というように、その人一人として表すことができるものです。

マヤ暦では、「キン」は、「宿命」や「運命」といった意味でも使われています。

あなたが、260あるキンのうち、何番のキンを持っているかで、あなたの本来の特性や能力、生まれてきた使命や役割など、ある程度の傾向を知ることができるのです。

キンは、全部で260種類ありますが、一つひとつのキンは、「太陽の紋章」と「ウェイブ・スペル」と「音」の3つから構成されています。

本書では自分の本質や魂の方向性を知っていただくために、「太陽の紋章」を中心にお伝えしていきますが、無意識の部分の「ウェイブ・スペル」もぜひ参考にしてみてください。

「紋章」は、「神様（宇宙）の意識」であり、全部で20あります。これを元に自分の太陽の紋章とウェイブ・スペルを割り出して、「生まれてきた目的」を読み解いていくことができます。

「太陽の紋章」は、意識的に考えている時や、行動をしている時によく出てくる特徴や特性で顕在意識を表しています。

「ウェイブ・スペル」も同じく20の紋章でみていきます。こちらは、無意識の部分のその人の特徴や特性で潜在意識を表しています。

私たちには、顕在意識と潜在意識があり、氷山に例えると、太陽があたってキラキ

第二部　20種類の「太陽の紋章」で、本当の自分を見つけよう！

ラ輝いている部分が顕在意識、つまりここが「太陽の紋章」の部分に当たります。しかし、水面下には、表に見えている以上の氷が隠れています。これが、いわば潜在意識、つまり「ウェイブ・スペル」に当たる部分なのです。

AさんとBさんで顕在意識の「太陽の紋章」の種類が同じでも、潜在意識の「ウェイブ・スペル」の紋章は違うこともあります。

人間の意識のうち、顕在意識が占めているのは、わずか3％～10％、逆に潜在意識は90～97％を占めるといわれています。「ウェイブ・スペル」の部分の潜在意識にすでに気付いている人もいますが、気付いていない人もたくさんいるでしょう。自分の「ウェイブ・スペル」が何なのか知った後は、日々の生活の中で、「ウェイブ・スペル」の特徴を少し意識するようにしてみてください。自分の中の潜在意識を意識することで、あなたの未知の可能性が開かれていくでしょう。自分の潜在意識に波を起こすことで、水面下の部分の能力も、どんどんと出していけるようになるはずです。

キンを構成する最後のひとつは「音」。銀河の音と呼ばれているものです。

本書では「音」のことは詳しく説明しませんが、銀河の音には、1から13までの段階があり、その人の役割や能力を表すものです。一日ひとつずつ音は進んでいきます。

音は全部で13段階あり、13まで進むとまた1に戻ります。自分が何段階目の日に生まれてきたかで、どういう能力を持って生まれてきたかがわかります。

20の紋章と、この13パターンの「音」を組み合わせると、20×13＝260となり、全部で260種類の「キン」が生じるということになります。

このようにして、あなたのキンが定められているのです。

太陽の紋章とウェイブ・スペルの割り出し方

① **早見表1** から、あなたの生年月日の生まれ年と生まれ月が交わる数字をみます。

② ①で出た数字に生まれた日を足します。足した時に 260 を超えた場合は出た数字から 260 を引いてください。

※うるう年の 3/1 〜 3/31 生まれの方は出た数字に 1 を足してください。これがあなたの KIN ナンバーです（うるう年は＊マークの年）。

③ **早見表2** をみて、KIN ナンバーに該当する箇所をみます。これがあなたの太陽の紋章と音です。

④ **早見表3** をみて、KIN ナンバーに該当する箇所をみます。これがあなたのウェイブスペルになります。

例

1984年3月1日（うるう年）に生まれた人の場合は、まず **早見表1** より 91。
91 + 1 で 92。
92 + 1（うるう年分）で 93。
KIN93 になります。

早見表1

年			1月	2月	3月	4月	5月	6月	7月	8月	9月	10月	11月	12月
1910	1962	2014	62	93	121	152	182	213	243	14	45	75	106	136
1911	1963	2015	167	198	226	257	27	58	88	119	150	180	211	241
*1912	*1964	*2016	12	43	71	102	132	163	193	224	255	25	56	86
1913	1965	2017	117	148	176	207	237	8	38	69	100	130	161	191
1914	1966	2018	222	253	21	52	82	113	143	174	205	235	6	36
1915	1967	2019	67	98	126	157	187	218	248	19	50	80	111	141
*1916	*1968	*2020	172	203	231	2	32	63	93	124	155	185	216	246
1917	1969	2021	17	48	76	107	137	168	198	229	0	30	61	91
1918	1970	2022	122	153	181	212	242	13	43	74	105	135	166	196
1919	1971	2023	227	258	26	57	87	118	148	179	210	240	11	41
*1920	*1972	*2024	72	103	131	162	192	223	253	24	55	85	116	146
1921	1973	2025	177	208	236	7	37	68	98	129	160	190	221	251
1922	1974	2026	22	53	81	112	142	173	203	234	5	35	66	96
1923	1975	2027	127	158	186	217	247	18	48	79	110	140	171	201
*1924	*1976	*2028	232	3	31	62	92	123	153	184	215	245	16	46
1925	1977	2029	77	108	136	167	197	228	258	29	60	90	121	151
1926	1978	2030	182	213	241	12	42	73	103	134	165	195	226	256
1927	1979	2031	27	58	86	117	147	178	208	239	10	40	71	101
*1928	*1980	*2032	132	163	191	222	252	23	53	84	115	145	176	206
1929	1981	2033	237	8	36	67	97	128	158	189	220	250	21	51
1930	1982	2034	82	113	141	172	202	233	3	34	65	95	126	156
1931	1983	2035	187	218	246	17	47	78	108	139	170	200	231	1
*1932	*1984	*2036	32	63	91	122	152	183	213	244	15	45	76	106
1933	1985	2037	137	168	196	227	257	28	58	89	120	150	181	211
1934	1986	2038	242	13	41	72	102	133	163	194	225	255	26	56
1935	1987	2039	87	118	146	177	207	238	8	39	70	100	131	161
*1936	*1988	*2040	192	223	251	22	52	83	113	144	175	205	236	6
1937	1989	2041	37	68	96	127	157	188	218	249	20	50	81	111
1938	1990	2042	142	173	201	232	2	33	63	94	125	155	186	216
1939	1991	2043	247	18	46	77	107	138	168	199	230	0	31	61
*1940	*1992	*2044	92	123	151	182	212	243	13	44	75	105	136	166
1941	1993	2045	197	228	256	27	57	88	118	149	180	210	241	11
1942	1994	2046	42	73	101	132	162	193	223	254	25	55	86	116
1943	1995	2047	147	178	206	237	7	38	68	99	130	160	191	221
*1944	*1996	*2048	252	23	51	82	112	143	173	204	235	5	36	66
1945	1997	2049	97	128	156	187	217	248	18	49	80	110	141	171
1946	1998	2050	202	233	1	32	62	93	123	154	185	215	246	16
1947	1999	2051	47	78	106	137	167	198	228	259	30	60	91	121
*1948	*2000	*2052	152	183	211	242	12	43	73	104	135	165	196	226
1949	2001	2053	257	28	56	87	117	148	178	209	240	10	41	71
1950	2002	2054	102	133	161	192	222	253	23	54	85	115	146	176
1951	2003	2055	207	238	6	37	67	98	128	159	190	220	251	21
*1952	*2004	*2056	52	83	111	142	172	203	233	4	35	65	96	126
1953	2005	2057	157	188	216	247	17	48	78	109	140	170	201	231
1954	2006	2058	2	33	61	92	122	153	183	214	245	15	46	76
1955	2007	2059	107	138	166	197	227	258	28	59	90	120	151	181
*1956	*2008	*2060	212	243	11	42	72	103	133	164	195	225	256	26
1957	2009	2061	57	88	116	147	177	208	238	9	40	70	101	131
1958	2010	2062	162	193	221	252	22	53	83	114	145	175	206	236
1959	2011	2063	7	38	66	97	127	158	188	219	250	20	51	81
*1960	*2012	*2064	112	143	171	202	232	3	33	64	95	125	156	186
1961	2013	2065	217	248	16	47	77	108	138	169	200	230	1	31

第二部　20種類の「太陽の紋章」で、本当の自分を見つけよう！

早見表2

太陽の紋章		
KIN	名称	音
1	赤い龍	音1
2	白い風	音2
3	青い夜	音3
4	黄色い種	音4
5	赤い蛇	音5
6	白い世界の橋渡し	音6
7	青い手	音7
8	黄色い星	音8
9	赤い月	音9
10	白い犬	音10
11	青い猿	音11
12	黄色い人	音12
13	赤い空歩く人	音13
14	白い魔法使い	音1
15	青い鷲	音2
16	黄色い戦士	音3
17	赤い地球	音4
18	白い鏡	音5
19	青い嵐	音6
20	黄色い太陽	音7
21	赤い龍	音8
22	白い風	音9
23	青い夜	音10
24	黄色い種	音11
25	赤い蛇	音12
26	白い世界の橋渡し	音13
27	青い手	音1
28	黄色い星	音2
29	赤い月	音3
30	白い犬	音4
31	青い猿	音5
32	黄色い人	音6
33	赤い空歩く人	音7
34	白い魔法使い	音8
35	青い鷲	音9
36	黄色い戦士	音10
37	赤い地球	音11
38	白い鏡	音12
39	青い嵐	音13
40	黄色い太陽	音1
41	赤い龍	音2
42	白い風	音3
43	青い夜	音4
44	黄色い種	音5
45	赤い蛇	音6
46	白い世界の橋渡し	音7
47	青い手	音8
48	黄色い星	音9
49	赤い月	音10
50	白い犬	音11
51	青い猿	音12
52	黄色い人	音13
53	赤い空歩く人	音1
54	白い魔法使い	音2
55	青い鷲	音3
56	黄色い戦士	音4
57	赤い地球	音5
58	白い鏡	音6
59	青い嵐	音7
60	黄色い太陽	音8
61	赤い龍	音9
62	白い風	音10
63	青い夜	音11
64	黄色い種	音12
65	赤い蛇	音13
66	白い世界の橋渡し	音1
67	青い手	音2
68	黄色い星	音3
69	赤い月	音4
70	白い犬	音5
71	青い猿	音6
72	黄色い人	音7
73	赤い空歩く人	音8
74	白い魔法使い	音9
75	青い鷲	音10
76	黄色い戦士	音11
77	赤い地球	音12
78	白い鏡	音13
79	青い嵐	音1
80	黄色い太陽	音2
81	赤い龍	音3
82	白い風	音4
83	青い夜	音5
84	黄色い種	音6
85	赤い蛇	音7
86	白い世界の橋渡し	音8
87	青い手	音9
88	黄色い星	音10
89	赤い月	音11
90	白い犬	音12
91	青い猿	音13
92	黄色い人	音1
93	赤い空歩く人	音2
94	白い魔法使い	音3
95	青い鷲	音4
96	黄色い戦士	音5
97	赤い地球	音6
98	白い鏡	音7
99	青い嵐	音8
100	黄色い太陽	音9
101	赤い龍	音10
102	白い風	音11
103	青い夜	音12
104	黄色い種	音13
105	赤い蛇	音1
106	白い世界の橋渡し	音2
107	青い手	音3
108	黄色い星	音4
109	赤い月	音5
110	白い犬	音6
111	青い猿	音7
112	黄色い人	音8
113	赤い空歩く人	音9
114	白い魔法使い	音10
115	青い鷲	音11
116	黄色い戦士	音12
117	赤い地球	音13
118	白い鏡	音1
119	青い嵐	音2
120	黄色い太陽	音3
121	赤い龍	音4
122	白い風	音5
123	青い夜	音6
124	黄色い種	音7
125	赤い蛇	音8
126	白い世界の橋渡し	音9
127	青い手	音10
128	黄色い星	音11
129	赤い月	音12
130	白い犬	音13
131	青い猿	音1
132	黄色い人	音2
133	赤い空歩く人	音3
134	白い魔法使い	音4
135	青い鷲	音5
136	黄色い戦士	音6
137	赤い地球	音7
138	白い鏡	音8
139	青い嵐	音9
140	黄色い太陽	音10
141	赤い龍	音11
142	白い風	音12
143	青い夜	音13
144	黄色い種	音1
145	赤い蛇	音2
146	白い世界の橋渡し	音3
147	青い手	音4
148	黄色い星	音5
149	赤い月	音6
150	白い犬	音7
151	青い猿	音8
152	黄色い人	音9
153	赤い空歩く人	音10
154	白い魔法使い	音11
155	青い鷲	音12
156	黄色い戦士	音13

早見表3

ウェイブ・スペル	
KIN	名称
1～13	赤い龍
14～26	白い魔法使い
27～39	青い手
40～52	黄色い太陽
53～65	赤い空歩く人
66～78	白い世界の橋渡し
79～91	青い嵐
92～104	黄色い人
105～117	赤い蛇
118～130	白い鏡
131～143	青い猿
144～156	黄色い種
157～169	赤い地球
170～182	白い犬
183～195	青い夜
196～208	黄色い戦士
209～221	赤い月
222～234	白い風
235～247	青い鷲
248～260	黄色い星

紋章の解説

赤い龍……p60
白い風……p63
青い夜……p66
黄色い種……p69
赤い蛇……p72
白い世界の橋渡し……p75
青い手……p78
黄色い星……p81
赤い月……p84
白い犬……p87
青い猿……p90
黄色い人……p93
赤い空歩く人……p96
白い魔法使い……p99
青い鷲……p102
黄色い戦士……p105
赤い地球……p108
白い鏡……p111
青い嵐……p114
黄色い太陽……p117

早見表2

KIN	名称	音
157	赤い地球	音1
158	白い鏡	音2
159	青い嵐	音3
160	黄色い太陽	音4
161	赤い龍	音5
162	白い風	音6
163	青い夜	音7
164	黄色い種	音8
165	赤い蛇	音9
166	白い世界の橋渡し	音10
167	青い手	音11
168	黄色い星	音12
169	赤い月	音13
170	白い犬	音1
171	青い猿	音2
172	黄色い人	音3
173	赤い空歩く人	音4
174	白い魔法使い	音5
175	青い鷲	音6
176	黄色い戦士	音7
177	赤い地球	音8
178	白い鏡	音9
179	青い嵐	音10
180	黄色い太陽	音11
181	赤い龍	音12
182	白い風	音13
183	青い夜	音1
184	黄色い種	音2
185	赤い蛇	音3
186	白い世界の橋渡し	音4
187	青い手	音5
188	黄色い星	音6
189	赤い月	音7
190	白い犬	音8
191	青い猿	音9
192	黄色い人	音10
193	赤い空歩く人	音11
194	白い魔法使い	音12
195	青い鷲	音13
196	黄色い戦士	音1
197	赤い地球	音2
198	白い鏡	音3
199	青い嵐	音4
200	黄色い太陽	音5
201	赤い龍	音6
202	白い風	音7
203	青い夜	音8
204	黄色い種	音9
205	赤い蛇	音10
206	白い世界の橋渡し	音11
207	青い手	音12
208	黄色い星	音13
209	赤い月	音1
210	白い犬	音2
211	青い猿	音3
212	黄色い人	音4
213	赤い空歩く人	音5
214	白い魔法使い	音6
215	青い鷲	音7
216	黄色い戦士	音8
217	赤い地球	音9
218	白い鏡	音10
219	青い嵐	音11
220	黄色い太陽	音12
221	赤い龍	音13
222	白い風	音1
223	青い夜	音2
224	黄色い種	音3
225	赤い蛇	音4
226	白い世界の橋渡し	音5
227	青い手	音6
228	黄色い星	音7
229	赤い月	音8
230	白い犬	音9
231	青い猿	音10
232	黄色い人	音11
233	赤い空歩く人	音12
234	白い魔法使い	音13
235	青い鷲	音1
236	黄色い戦士	音2
237	赤い地球	音3
238	白い鏡	音4
239	青い嵐	音5
240	黄色い太陽	音6
241	赤い龍	音7
242	白い風	音8
243	青い夜	音9
244	黄色い種	音10
245	赤い蛇	音11
246	白い世界の橋渡し	音12
247	青い手	音13
248	黄色い星	音1
249	赤い月	音2
250	白い犬	音3
251	青い猿	音4
252	黄色い人	音5
253	赤い空歩く人	音6
254	白い魔法使い	音7
255	青い鷲	音8
256	黄色い戦士	音9
257	赤い地球	音10
258	白い鏡	音11
259	青い嵐	音12
260	黄色い太陽	音13

20種類の「太陽の紋章」と「ウェイブ・スペル」

ここからは20種類、それぞれの紋章に授けられているエネルギーについてご紹介していきたいと思います。自分の紋章の部分を読んでみて、当たっている！と思う方もいれば、全然違う……と感じる方もいらっしゃるでしょう。

もしも、ご自身の紋章の解説に違和感を感じたとしたら、それは今の生き方と、本来の生き方とにずれがある可能性があります。もしかすると、本来の自分を出せない環境にいたのかもしれませんね。

単純に自分の紋章が当たっているかどうかを見るのではなく、本来の自分についても感じながら読んでみてください。また、他の紋章についてもじっくり読むことをオススメします。自分との違い、紋章ごとの違いがわかると、これまで以上に人との付き合い方がラクになると思います。

赤い龍
(イーミッシュ)

生命を育む母性エネルギーに溢れた
面倒見のいいあなた。
命の大切さを実感した時に
人生の転換期が訪れる

紋章の意味

赤い龍は、20の紋章の最初に出てくる紋章であり、誕生のエネルギーの紋章です。このため勢いがあり創造していく力があります。また、慈悲の精神を持ち、生命を育む母性のエネルギーに満ち溢れているのが特徴です。

龍のような勢いを持ち、失敗を恐れずに進んでいきます。リーダーシップも強く、率先して物事に取り組む熱血家です。

「命」に非常にかかわりのある紋章で、命を意識する経験をしたり、人の命のために尽力したり、新たな命に恵まれた時など、命の大切さを実感した時に、人生の変化を迎えることがあります。

性格

真面目で頑張り屋さん。プライドが高いところがあるので、人に弱音を吐くことが苦手です。限界まで尽くし、倒れてしまうことがあるかも。

正々堂々と生きたいと考え、力強く頼もしい人。血のつながった人や同族への思いも強いでしょう。

面倒見がとてもよく、アクティブに動きまわることができます。

赤い龍の人にとって弱音を吐くことは、プライドが邪魔をするかもしれませんが、尊敬できる人、神のように頼れる人を見つけると、自分の気持ちをゆだねることができ、ラクになります。

仕事

母性や慈悲の精神が強く、面倒見が良いので医師や看護師、介護士のような仕事も向いています。また、命を育む保育士などのお仕事も良いでしょう。

ゼロからスタートさせることが得意な赤い龍なので、起業家や実業家にも向いています。

努力を惜しまず、汗水流して働くスタイルの赤い龍は、ラクして稼ぐような形態は、あまり向いていないでしょう。

「赤い龍の人を雇うと損なし」と言われるくらい、倒れるまで働きつづける傾向があります。健康に関心を持つようにすると良いでしょう。

恋愛

赤い龍の人は、相手の面倒をよく見ることができ、尽くしてしまう傾向にあります。

一方でプライドがじゃまして見栄を張り、心が休まるような恋愛ができにくいかも。自分の弱い部分も出せるようにし、相手にゆだねるといいでしょう。そうしないと、すべてを把握したくなり、予定をしつこく聞くなど、うっとうしく思われかねません。

赤い龍の人と付き合う時はできるだけプライドを傷つけないようにしましょう。

赤い龍同士はプライドの衝突に注意し、

この紋章を持つ有名人

北斗晶、松田優作、小泉進次郎、松任谷由実、渡辺謙、哀川翔

白い風
（イーク）

繊細な感性と感情を持ち、
インスピレーションを得やすいあなた。
目にみえない力に
助けられやすいでしょう

紋章の意味

繊細な感性と感情の持ち主です。「風」は目に見えないように、目に見えないものを大事にしていくと良いでしょう。そのなかにはスピリチュアル的なものや、インスピレーションや感性、共感なども含まれています。

目に見えない「何か」を感じ取る能力もあるでしょう。

また、何かを伝えるというメッセンジャー的な役割があります。

敏感で繊細な感受性を持っているのでセンスも良く、芸術で表現していくことも向いています。自分が感動したものなどを伝えていくと良いでしょう。

性格

感受性が豊かで、繊細。傷つきやすいガラスのハートの持ち主です。

女性の場合は、はっきりとものを言う人も多いので、一見強くみえますが、それは虚勢を張っているだけかもしれません。

本質は優しい人で、誰かと語り合いたいと思っています。しかし風にも微風のような優しい風から暴風まであるように、感情にも波があります。心が穏やかでない時は、一呼吸おいたり、音楽を聴くと心が和むでしょう。ストレス解消にも音楽や芸術に触れることはオススメ。

時には優しく、時には強引になることもあります。ネガティブなエネルギーには注意して、できるだけ心の風通しをよくする

第二部　20種類の「太陽の紋章」で、本当の自分を見つけよう！

こと。ポジティブな考え方を心がけ、隠し事もしないようにしましょう。

仕事

あなたの繊細な感性でキャッチしたことを、周りに伝え、共感してもらえるような職業が向いています。

感受性が豊かですので、ファッションデザイナーや、歌手など、芸術や音楽で自分を表現し、伝えるのもいいでしょう。

絵を描いたり、写真を通して感性を表現することもできます。ピアニストやクリエイターなど表現する仕事も向いています。

人と競争するような仕事や飛び込み営業などは得意ではないのかもしれません。

仕事で悩むことがあれば、まずはゆっくり呼吸をして、空気を感じること。寝る前に目にみえない存在に感謝をしたり、悩みごとを相談するのもオススメです。

恋愛

かわいらしい態度で、男性に接することが苦手です。それは、自分が傷つきたくないという思いから、強がって、自己防衛をしているのかもしれません。

デリカシーのない人が苦手で、自分の話をしっかりと聞いて共感してくれる人に心ひかれるでしょう。

感情のコントロールには気をつけ、強引にならないように注意しましょう。

この紋章を持つ有名人

長渕剛、和田アキ子、工藤静香、美輪明宏、中居正広、手越祐也

青い夜
（アクバル）

やりたい事や夢がたくさんあるあなた。
人に左右されることなく、
ぶれない自分の世界観で
歩みを進めましょう

紋章の意味

「青い夜」のキーワードは「夢」や「豊かさ」。やりたいことや夢がたくさんある人です。夢を明確にすることで実現させるパワーがでてきます。現実的な考えを持っている人で、夢の実現のためなら食べることや寝る時間を惜しみません。

夢を原動力として夢を実現できるタイプですが、やがて人に夢を与える人となるでしょう。また、「豊かさ」というキーワードを持っているため、お金に恵まれやすいでしょう。

ただ、豊かさを求めるあまり、お金に執着しすぎないように気をつけましょう。お金に対する心配や恐れはできるだけ手放すようにしましょう。

性格

20の紋章の中では、一番マイペースで、周りや環境からの影響を受けないタイプです。

また、八方美人ではなく、誰からも好かれようとは思っていません。自分のことをわかってくれる人に好かれれば良いと考えます。好き嫌いもはっきりしており、少人数での付き合いを大切にします。趣味も一人でできるものや個人競技が向いています。

夢や目標をできるだけ明確にし、紙や手帳に書き出しておくなどして、日々眺め意識してみましょう。夜眠っているあいだに見る夢からメッセージがいただけることがあります。

ロマンチストなあなたは、自分の世界観を大切にするので、家に閉じこもりがちに

なることも。できるだけ外に出て自然に触れるようにしましょう。

仕事

みんなで夢を見るというよりも、自分の夢を見つけて、それを叶えていくく、マイペースに進めていくことができる仕事をオススメします。自分の夢を叶えるだけでなく、人の夢を叶えるような仕事や、いずれは、あなた自身が人に夢を与えられるぐらいの仕事を目指すと良いでしょう。

財運があり、経済観念がしっかりとしていて無駄遣いも少ないので、お金を管理する仕事も向いています。銀行や株のアナリスト、事務職での経理などにも向いています。

ただし、お金のことで悩みすぎてしまうと、自律神経を崩しやすくなるので注意してください。お金以上に大切なものを見つけることが人生の幅を広げることでしょう。

恋愛

一人の時間も大切にしたいあなたは、恋愛関係もあまりに近い距離感は苦手です。自分の世界や時間を大切にしているだけかもしれませんが少し見えにくい秘密めいた部分もあると思われることも。

ロマンチストな面があり、ムードを重視しますが、お金にルーズな人を嫌う傾向にあります。青い夜の人には無駄遣いなどは見せないようにしましょう。

この紋章を持つ有名人

吉田美和、長嶋茂雄、鈴木京香、真矢みき、桑田真澄

黄色い種
（カン）

成長の種を持っているあなた。
気づきの水をたくさん与えることで、
芽を出し、
美しい花をつけることでしょう

紋章の意味

生命の種、目覚め、開花の力という意味がある紋章です。知識欲が旺盛で、学習意欲が高く、納得するまで探究します。しかし、いろいろな種をまきすぎると、一つのことを掘り下げることできなくなりますので注意しましょう。

研究心が旺盛で、一つのことにのめり込み、その道の専門家になることも。しかし、ギャンブルやお酒など、のめり込むと危険なものもあるので注意しましょう。

気配りができる人が多いのも特徴です。日頃からできるだけ本を読むなどして、気付きの多い生活を送ることで、エネルギーを活性化させることができます。周りの人にも良い気付きが与えられるでしょう。

性格

物事の「種」や「起源」から知りたいという思いがあります。趣味や勉強なども一つのことをコツコツと積み上げていく人です。また、自分が納得しないとイヤなところがありますので、時に頑固で融通がきかなくなる可能性があります。

大切なのは柔らかさ。柔軟な姿勢を持ってコミュニケーションを取ることが大切です。柔らかい人ほどストレスも少なく健康でいられるでしょう。逆に頑なになることでストレスが増え、健康を害することがあるかもしれません。

仕事

とても研究熱心ですので、研究職や学者

第二部　20種類の「太陽の紋章」で、本当の自分を見つけよう！

など、勉強するような仕事も向いています。挑戦することを怖れる人もいますが、殻を破ることで自分自身も開花します。新しいことにもどんどん挑戦していく姿勢を大切にしましょう。

種は土に埋めて、水をやり、柔らかくふやかすことで発芽できます。気づきを得られるような柔軟性が大切です。

理屈っぽい人にならないように気をつけましょう。「そういう意見もありかも」と考え、協調性を身につけるようにすれば仕事もうまくいくでしょう。

恋愛

あなたは、合コンの席でも、小皿をパッと出したり、お酒をパッと注いだりすることができる気配りの細やかな人でしょう。

「よく気が付く人」と好印象を持たれやすいです。

しかし、すべてにおいて理由付けや結論付けをしないと気が済まないところがあるので、理屈っぽくならないように気をつけましょう。相手をとことん追い詰めないように……。

黄色い種の人は、別れる時も納得しないと別れることが難しいかもしれません。勝手にフェードアウトするのではなく、別れる理由を納得できるように説明してあげるといいですね。

この紋章を持つ有名人

小林麻央、山口百恵、鳥越俊太郎、東出昌大、小柴昌俊

71　黄色い種

赤い蛇
(チークチャン)

人見知りでシャイでありながら、
熱い情熱を持っているあなた。
本当に好きなものに出会った時の
粘り強さはピカイチ

第二部　20種類の「太陽の紋章」で、本当の自分を見つけよう！

紋章の意

血と情熱の紋章で、生命力に溢れ活発で情熱的な人。本能性が強く、好き嫌いもハッキリしています。好きなものへの集中力は目を見張るものがあります。時にその集中力の強さは執着ともとれることも。

そのパワーは、勉強に執着すれば、寝食を忘れるくらい勉強し、東大を目指せるほどになるかもしれません。あるいは、野球のバットを振ることに執着すれば、プロ野球選手になることもできるほどです。成し、大きな成果を手にするためには、自分の向上につながるようなものに執着することがポイントです。

運動神経も良く、身体能力が高いのも特徴です。

性格

人見知りで、恥ずかしがり屋なところがあり、様子をうかがってから心を開いていくようなところがあります。

正義感が強いため、人の不正を許すことができません。自己主張もハッキリしているので、言いたいことを言うところも。そのまっすぐさが周りの人にとってはわかりやすく、好感が持てます。

神経質な人も多いので、できるだけ人の視線を感じない自分だけの空間を持ち、リラックスする時間を多く持ちましょう。また、リラックスできる人間関係も大切です。

自分の思いを吐き出せるようにしましょう。蛇が脱皮する生き物であるように、人生の中で成長し、生まれ変わった姿を何度か

赤い蛇

見せられるといいですね。大切なのは欲望と感情のコントロールです。

仕事

赤い蛇の人は、自分の好きなものでないと力が出にくいでしょう。本当に好きなものを仕事にした時は、情熱を持ち、粘り強くやりきるので成功しやすいでしょう。直感も鋭く、判断能力も優れています。人々にロマンスを与える冒険家をはじめ、政治家やスポーツ選手など多岐に渡り人々に影響を与える存在にもなれます。

仕事中は緊張感を持ち、神経を使っている分、家ではのんびりして過ごすなど、オンとオフの切り替えをしっかりとするようにしましょう。ストレスをためると、体調が悪くなったり体に反応が出やすいので注意してください。

恋愛

スキンシップが大好きなので、恋愛相手には、寄り添い、リラックスできるような人がおすすめ。好き嫌いもはっきりしていて、好きな人にはベターッと寄っていきますが、生理的に受けつけないという嫌いな人もいるでしょう。

執着心の強さには注意してください。熱くなりすぎないことが大切です。自分に正直に生きるために、話を聞いてくださる相手がオススメです。

この紋章を持つ有名人

ビートたけし、松岡修造、松井秀喜、さかなクン、高橋みなみ

白い世界の橋渡し
(キーミー)

おもてなしの精神にあふれ、
コミュニケーション能力の高いあなた。
人と人とをつなぐことで
世界が開けます

紋章の意味

人と人との橋渡し役。おもてなしの気持ちが強い人です。

おもてなしというのは、相手にごちそうすることではなく、「相手を認めながらコミュニケーションを取る」ということです。コミュニケーション能力が高い人が多いのも特徴です。

政治家や経営者になる人も多い紋章です。

このため、野心を持って生きている野心家も。

また、この紋章の「橋渡し」にはあの世とこの世の橋渡しという意味もあり、人の死を通して人生が変わる人も多いようです。親の死をきっかけに、転職したり、家業を継ぐ人もいます。

性格

温和で争い事を好まない平和主義者。コミュニケーション能力が高く、幅広い人脈を持っています。日ごろからたくさんの人に出会っていくことでエネルギーが高まります。

橋渡し役に徹し、積極的に外に出て人に会い、どんどん幅を広げていくことをオススメします。橋を渡すには、お互いのことをよく知っておくことが必要です。また、橋がぶれては渡すことができませんので、ぶれない精神も大切です。

先祖とのかかわりが深く、お参りや神仏を大切にすることを心がけましょう。そうすることで先祖からの恩恵も受けやすいでしょう。

仕事

コミュニケーション能力が高くホスピタリティがあるので、人と接する営業や接客業、ホテルマンなどが向いています。また、上昇志向が強く、スケール大きく生きたいという思いもあるので、経営者や政治家にも多いです。世界を股にかけて活躍する人もいます。

コミュニケーション能力を生かし、対立やもめごとの調整役、また、多くの人をつないでいくことで活躍できるでしょう。

恋愛

温厚で、相手との空気を読むタイプですが、相手を自分の思い通りにしたいと思うようになると、恋愛関係がうまくいかなくなってきます。コミュニケーション能力が高いがゆえに、我が強くなってくると、相手のことをコントロールしようとしがちです。恋人関係であっても、常に謙虚な気持ちを忘れずに。相手のことを認めることが大切です。

恋人がいない人は、飲み会やパーティーなど、人の多く集まるところに出掛けたりするなど、人脈を広げていくなかで、素敵な人とめぐりあうことができるでしょう。どちらかというと、仕事優先タイプですので、「恋愛よりも仕事」という傾向になる人もいます。

この紋章を持つ有名人

安倍晋三、田中真紀子、小沢一郎、岡村隆史、氷川きよし、みのもんた、藤原紀香

青い手
(マニーク)

癒やしの力と優しい心を持ったあなた。
その献身的な優しさがあなたを
チャンスへと導き、高い分析力で必ずや
幸せを掴み取ることでしょう

紋章の意味

癒やしのエネルギーを持っており、人に尽くすことができる人です。またゴッドハンドの持ち主で手先が器用です。

青い手の人は、体験することで覚えていくタイプです。もしかしたら、尽くした人に裏切られるなんてこともあるかもしれません。しかし、そのことを通して人の痛みを理解し、人を癒やすことができるのです。どんな体験もマイナスではなく、チャンスへと変わる日がくることでしょう。

相手を理解し、把握する能力も持ち合わせている人です。

性格

いつも考え事をしているため、分析力に優れています。しかし、考える事で心配事が増えていき、頭が休まらない……なんことも。心配で夜も眠れないという人もいるでしょう。

このような時は、考えるよりも実際に体験することをオススメします。

とても優しい人が多く、心は繊細で傷つきやすいです。中にはトラウマを持っている人も。体験したことをトラウマに持つのではなく、人の痛みを理解するための経験だと思うようにしましょう。

また、話し出すと止まらない傾向もあります。悩みや問題の抱えこみすぎには注意し、定期的に誰かに話を聞いてもらうようにしましょう。話しているだけで心が整理され悩みが解決することもあります。

仕事

手先が器用でゴッドハンドの持ち主です。このため、手を使う仕事が向いています。

料理人や整体師、美容師、エステシャン、ネイリストなどもいいでしょう。また癒しのお仕事、ヒーラーやカウンセラーも向いています。

どちらかというと大器晩成型で、これという職業が決まらない人もいるかもしれません。いろいろな体験をしていくうちに、自分に合う仕事が見つかるでしょう。手抜きをせず、面倒臭いことでも手をかけてやりましょう。

また、真面目で抱え込んでしまうところがあるので注意してください。何事も抱え込みすぎないようにしましょう。

恋愛

献身的なタイプです。手料理を作ったり、マッサージなどで体を癒してくれることも。

ただし、尽くしすぎには注意しましょう。都合のいい扱いを受けたり、尽くしすぎて振られてしまい傷つくこともあるでしょう。

傷ついた人は恋愛に対して臆病だったり、心配しすぎな面も。青い手は体験をすればするほど経験値も上がるので、恋愛に関しても、たとえ嫌な思いをしたとしても、それが次につながり、最後にはチャンスをつかむはず！ 積極的に行動しましょう。

この紋章を持つ有名人

国分太一、堂本剛、宮里藍、天海祐希、櫻井翔、水卜麻美

第二部　20種類の「太陽の紋章」で、本当の自分を見つけよう！

黄色い星
（ラマト）

輝く星のように、
完璧な美を追い求めるあなた。
その高いプロ意識が芸術性と結びついた時、
新しい世界の扉が開かれることでしょう

紋章の意味

この紋章には、「均整の美と調和」という意味があり、美意識がとても高いところがあります。いつも美しいものに囲まれて過ごしたいと思っています。センスよく、おしゃれな人が多くみられます。

環境の影響を受けやすく、部屋が汚れていたり、人間関係がぐちゃぐちゃしていると、自分のエネルギーも落ちてしまいます。できるだけ部屋も人間関係もスッキリさせておくことが大切です。

また、プロ意識が強く完璧を求めます。煩わしいことが苦手で、サバサバしているので、少しきつい人に見られることもありますが、心にゆとりをもつことで、言葉も柔らかくなり、優しい印象を与えることができるでしょう。芸術に触れる時間を持つことをオススメします。

性格

職人気質なところがあり、何でも完璧にやろうとします。こだわりも強く、妥協せず仕上げまできっちりとする傾向があります。

ただ、自分はそれでもいいですが、相手に完璧を求めることはやめましょう。できるだけ寛容な心を持ち合わせることが大切です。

人間関係に関しては、自然体でサバサバしているタイプ。ストレスがたまってきたなと思ったら、部屋をきれいに掃除するなど、目に付くものを整理整頓すると、気分もすっきりします。

第二部　20種類の「太陽の紋章」で、本当の自分を見つけよう！

仕事

美意識が高いので、芸術やファッション、美に関する仕事も向いています。頑固で妥協せず、こだわりが強いので、プロフェッショナルを目指すといいでしょう。医者や建築家、人を美しくするエステ関係などのお仕事も良いでしょう。単純作業であっても集中し、とことんこだわって仕上げる力もあります。

黄色い星は人に厳しいところがありますので、部下を批判するのではなく、できるだけ尊重できるように心がけましょう。あまり、完璧を求めすぎると、自分もしんどくなってきます。心にゆとりを持ち、妥協との付き合い方を上手にすると、仕事もスムーズにいくでしょう。

恋愛

黄色い星の人は美しいものが好き。相手にも美を求めます。男性は美しい女性を好み、女性も男性の手が美しいとかヒップの形が美しいから好きなど、どこかに美を求める傾向があります。自分自身も、美に対しては妥協をせず、自分磨きを怠りません。

そのため、異性に対しても理想が高く、相手がなかなかみつからないことも。いつのまにかプライドもハードルも高くなっていることがありますので、今一度、自分のハードルを見直してみましょう。

この紋章を持つ有名人

小池百合子、堂本光一、ビルゲイツ、大地真央、綾野剛

赤い月
（ムールク）

強い信念と
華やかなオーラを持ったあなた。
使命感を感じて取り組んだことは、
新たな流れを作り出していくことでしょう

紋章の意味

新しい流れを作る改革者という意味があります。新しいものを生み出すために命をかけることができるほどの使命感を持ちあわせています。

普段は腰が重くても、これというものを見つけた時は、命がけで徹底してやり遂げようという強さがあります。使命を感じるものに出会うことが大切です。

また、「月」は自分では光ることができず、太陽の光を反射させて光っていることから、周囲からの影響を受けやすいところがあります。なるべく自分のことを応援してくれる人をたくさんみつけて付き合うようにしましょう。

性格

20の紋章のなかで、一番頑固と言われているほど。こうと決めたものに対しては、絶対動かさないくらいの徹底力があります。

でも、それは意固地というよりも、必ず遂行するという意味での頑固さです。

ただマイナスエネルギーの影響も受けやすいので、自分を批判するような人とは、できるだけ距離を置くことをオススメします。「どうせ私なんて」と自己卑下になり、エネルギーがどんどん下がってしまいます。

本来底力もあり、困難な状況でもめげずに乗り越える力を持っています。理想も高く、いつも何かを改善したいという欲求も持ち合わせています。

自分の役割、天命と思えるものに全力で

尽くす人です。

仕事

頭の回転も速く、飲み込みが早いため、高い能力を発揮し、仕事ができる人が多いです。

新しい流れを生み出すことができるので、クリエイターや発明家などの仕事にも向いているでしょう。業種は問いませんが、使命感を感じられる仕事がいいでしょう。

政治家にも赤い月を紋章に持つ人が多く、歴史に残るような大きな改革をしている人が多いです。

赤い月に水の力というキーワードがありますので、お酒を扱う水商売も向いています。

美男美女が多く、華やかなオーラがあるのも特徴で色気のある人も多いです。

恋愛

色気があり、モテるタイプが多いようです。自分のことを認めてくれ、プラス思考の人と付き合うことで、あなたも輝くことができるでしょう。

赤い月の人には何か使命感を感じさせると良いかも。家事を手伝ってもらいたい夫には「あなたが1番上手だわ」など使命を感じてもらうと良いかもしれません。

また、相手の言動から真意を見抜く直感があり、本音と建前の矛盾に悩む繊細さも持っています。

この紋章を持つ有名人

高岡早紀、桑田佳祐、明石家さんま、木村拓哉、壇蜜

第二部　20種類の「太陽の紋章」で、本当の自分を見つけよう！

白い犬
（オク）

正直、誠実、忠実な
精神の持ち主のあなた。
信頼関係を築き上げていくことが、
安定した居場所につながっていきます

紋章の意味

誠実・忠実・家族愛の人。忠誠心をもってご主人さまにお仕えするように、何か仕えるものがあったほうが力を発揮しやすいでしょう。

人にお仕えするだけではなく、天にお仕えしたり、自分の理想に仕えてもかまいません。宗教的なものでも良いでしょう。

厳しい環境でも、忠誠心があることでへこたれることなく辛抱強く、信頼を勝ち取っていくことができます。

情愛溢れる人でもあり、人間的温かさを持ち合わせています。時に、身内に厳しく接することもありますが、それは厳しさも愛のうちと考えているからです。

性格

正直で、誠実な人です。信頼されることで、力が出るタイプです。身内に対しては厳しい面もありますが、とくに家族のための犠牲なら喜んで引き受ける家族思いな人。

理論武装するというよりも感覚の人ですので、思ったことを正直に、すぐ口に出してしまうようなところがあります。言葉の失敗には注意しましょう。感覚型のため順序立てて話すことが苦手なようです。

犬のような人懐っこさがあり、情もあります。この人だと思った人には忠誠や忠義を尽くします。家族のように思える人を一人でも多く増やしていくと良いでしょう。

気をつけることは、キャンキャン、ワンワン吠えないようにすること。要は感情コ

ントロールを大切にしてください。

仕事

仕事も忠実で、国に仕えるような公務員も向いています。または政治家や社長の秘書も良いでしょう。

リーダーやトップに立つのに不向きというわけではありませんが、いきなりリーダーになるのではなく、誰かに仕えてからトップを狙うとよいでしょう。会社を家族のような雰囲気にすることもオススメです。

家族思いで、家族と過ごす時間がエネルギーとなるので、ライフワークバランスも大切に。

恋愛

嘘がつけない正直な人です。できるだけ早く家庭を持つことで安定するでしょう。規則のようなものが厳しくなる傾向があるかも。

家（犬小屋）が好きですので、居心地のよい家には、まっすぐ帰っていきます。気分転換に外出したり、おいしいものを食べに行くとエネルギーが高まります。

正直に言うことに重きをおいているため、時に相手を傷つける発言をしてしまいケンカになることも。

言葉の失敗に注意するためにも、相手への思いやりと感情コントロールを課題にしてください。

この紋章を持つ有名人

関根勤、黒木瞳、木梨憲武、アニマル浜口、太田光

青い猿
（チューエン）

アイデアとひらめきに満ちた
天才型のあなた。
自由な発想で、どんな困難も
乗り越えていくことができるでしょう

紋章の意味

アイデアとひらめきに恵まれた天才型です。道化師という意味もあり、サービス精神が旺盛で、人を楽しませてくれる人です。困難なことや壁に突き当たっても、創意工夫で乗り切ることができるでしょう。

楽しいことが大好きな自由人ですので、できるだけ型にはまらず、のびのびと過ごしていくことをオススメします。

個性的ゆえに、良い意味で人から「変わっているね」と言われることもあるでしょう。

性格

遊び心があり、ユニークな一面も。拘束されることが嫌いで、自由に生きたいタイプ。

創造力が豊かで、人と違う視点を持っています。スピリチュアル的なことに興味がある人も多いです。人を喜ばせることが自分へのエネルギーとなりますので、サービス精神をどんどん発揮していきましょう。

困難な時も決して深刻にならないよう気をつけましょう。深刻になった時点で、宇宙とのつながりが遮断され、ひらめきやアイデアが降りてこなくなります。

できるだけ、ゲーム感覚で楽しく乗り越えるようにしましょう。

注意事項は自分を特別だと思い、上から目線にならないよう気をつけること。また、空気を読む賢さも大切です。思いやりを忘れず、目の前の人を喜ばせるようにしましょう。

仕事

責任を負うことが苦手ですので、自由にのびのびとさせてもらえる環境が良いでしょう。タレント、お笑い芸人など、エンターテイメント性のあるものも向いています。

会社勤めでもかまいませんが、規則が厳しい会社ではなく、フレックスタイム制や、服装も個性を認めてくれるような会社を選ぶと良いでしょう。

アイデアや企画力、ひらめきに優れていますので、CMディレクターや、映像制作、玩具やバラエティグッズの開発など、クリエイティブ関係の仕事も良いでしょう。好きなことにかかわることでエネルギーが高まります。

恋愛

恋愛を楽しむタイプです。サービス精神が旺盛ですので、デートでいろいろなところに連れていったり、サプライズでプレゼントを用意してくれたり、映画やドラマに出てくるような恋愛が得意です。

ただ、少し飽きっぽいところもあり、熱しやすく冷めやすい人もいるでしょう。できるだけ束縛せずに、自由にさせてあげることが大切です。何事も一緒に楽しめる人でもあります。

この紋章を持つ有名人

松田聖子、菅野美穂、宮崎あおい、観月ありさ、タモリ、満島ひかり

青い猿

黄色い人
（エブ）

生きる姿勢にこだわりを持っているあなた。
自分の秀でたところを
どんどん伸ばすことで、
一つの道を究める生き方へと
つながるでしょう

紋章の意味

黄色い人には、道というキーワードがあります。自分の生き様や、生きる姿勢にこだわりますので、道を踏み外すことは嫌います。

自分の得意なものや、長所を見つけて伸ばす生き方が合っています。勉強、スポーツ、芸術のほか、柔道、剣道、書道、茶道など、道が付くものに縁をもつのも良いでしょう。充実した日々を送ることでモチベーションが上がり、力を発揮していくことができます。

性格

こだわりが強く、他の人から見ると、「何でそこにこだわるの？」と言われる時も。周りの空気を読みながら、こだわりすぎには注意しましょう。また、人から強制されることを嫌いで、自由に意志を決めたい人でもあります。

人としての道を踏み外すことが嫌いで、道理を貫く生き方が向いています。

理解力に優れ、飲み込みが早いため、理解力が遅い人にはせっかちになることも。話している途中で、「こういうことを言いたいのだろう」と話の着地点がわかってしまい、相手よりも先に答えを言ってしまうことも。できるだけ相手の話は最後まで聞き、せっかちにならないように気をつけましょう。

自分の秀でている部分を中心に伸ばしていくことで人に影響を与える人になるでしょう。

仕事

黄色い人は、「自由意志」といって、自分の意志は、自由に決めたいと思っています。そのため、親の敷いたレールに乗るのが嫌なタイプ。

家業を継いだり、親の紹介で仕事を決めるのではなく、本当に自分がやりたいと思う仕事に就くようにしましょう。

一芸に秀でている人が多いので、自分の得意な分野を究め、それを仕事にして収入を得るようにするといいでしょう。

影響力がある人ですので、スポーツ選手やアーティストなど、人前に出て、人を感動させるような仕事も向いています。

自分で道を切り開いていくことができるタイプです。

恋愛

こだわりが強いので、それを理解してくれる相手がベストです。また、自分はしつこいわりには人にしつこくされるのが嫌なので、自由にさせてくれる人を好みます。

はたからみると、ちょっと気まぐれで、気難しい感じにみえますが、決して攻撃するようなタイプではありません。日ごろから、相手への思いやりを忘れないようにしてください。あなたの良いところを伸ばし、恋愛、人生、仕事においても最高のパートナーとなる相手に出会うことが大切です。

この紋章を持つ有名人

酒井法子、羽生善治、安住紳一郎、イチロー

赤い空歩く人
（ベン）

人の成長を手助けする、
ボランティア精神にあふれたあなた。
その面倒見の良さが
あなたを助けることにつながるでしょう

第二部　20種類の「太陽の紋章」で、本当の自分を見つけよう！

紋章の意味

天と地の柱という意味があります。赤い空歩く人は、天と地を結ぶはしご役となり、上へ上へと、人々の成長を手助けする、奉仕の人です。面倒見が非常によく、良識的な面を持ち合わせているため、指導者としての能力も高いでしょう。人々を覚醒に導く教えを与えていくようにしましょう。人のため、世のために尽くすことができる人です。

性格

ボランティア精神旺盛で社交的な人。好奇心が強く、不思議なものにも関心を持ちます。社交家も多く、いろいろな場所に顔を出す人も。人付き合いや面倒見がよい姉御肌タイプですので、お財布の紐も緩く、気前よくごちそうしてくれる人も多いです。

しかし、感受性が強いため、時に傷つき引きこもりになってしまう人もいます。できるだけ一人でゆっくり内観する時間を設けるようにしましょう。

女性の場合、母性本能をくすぐられることで苦労を自ら背負ってしまうところも。中には落ち着きがなく、いつも彷徨（さまよ）っている人もいるかもしれません。天と地を結ぶはしご役でもあることから、一時の感情に流されず、揺るぎない志を持って生きていくようにしましょう。

そういう意味でも、地に足をつける生き方、要は今に意識を向けることをして、落ち着きを大切にしていきましょう。

赤い空歩く人

仕事

人の成長を手助けする役割があるため、教育的な仕事が向いています。ボランティア精神にもあふれた人ですので、NPOやNGOといった非営利団体も悪くはありませんが、どちらかといえば、しっかりと本職で稼ぎ、そのお金を人のために使うといったほうが合っています。

赤い空歩く人は、感受性の強さを文章で表現するのも向いています。詩人や作詞家、作家など、文章を書く仕事も良いでしょう。

また、自分がやっていることが、世のためになると思うと力が出るタイプです。大切なのは、自ら現場に行くことです。現場の「気」を感じることで、会話や状況の中から精度の高い判断ができるでしょう。

恋愛

人助けの気持ちが強い赤い空歩く人は、恋愛でも「面倒を見たい」という気持ちが強く働く傾向があります。

このため、少し頼りないくらいの人に惹かれやすいようなところがあります。付き合うと見返りを求めず、とことん相手に尽くしてしまうでしょう。

このような恋愛は他人から見ると、ヤキモキしますが、相手に奉仕することが喜びとなるタイプです。

この紋章を持つ有名人

ペ・ヨンジュン、杉山愛、松下幸之助、宮沢りえ、有吉弘行

白い魔法使い
(イーシュ)

常にベストを尽くして生きている
真面目なあなた。
「愛」と「許し」に意識を向けると
生きることが
ぐっとラクになることでしょう

紋章の意味

魔法の力、罪を許す女神という意味があります。真面目に常にベストを尽くして生きています。だからこそ、自分が正しいと思いすぎないように気をつけましょう。

白い魔法使いは、「愛」と「許し」がテーマです。人を受け入れることで魅力ある存在として輝くことができるでしょう。そして、どれだけ人を許せるか。自分を許せるか。自分を許すことができない人ほど、人を許すことはできません。まずは自分を許すことから始めましょう。

性格

一度これだと決めれば、一途に一生懸命取り組むとても真面目な性格ですが、取り越し苦労なところがあり、まだ起きてもいないことを想定し、心配する癖があります。頭で考え過ぎるのではなく、感覚的なものも大切にしたり、やることをやって結果は天にゆだねる生き方をしてみましょう。情に厚く、のめり込むくらいに相手に尽くします。とても魅力的な雰囲気をお持ちの方も多いです。

また、お姫様願望のような、注目されたいという意識がある人も多いようです。それだけ魅力的な人なのですが、自己中心的になり、意固地にならないよう気をつけましょう。自分が正しいと思いすぎた時にトラブルがやってきやすいです。オススメは陰徳積善の生き方です。陰で徳を積むことで運が開けるでしょう。できるだけ打算的な考えは手放してください。

第二部　20種類の「太陽の紋章」で、本当の自分を見つけよう！

仕事

何事もベストを尽くそうとする人ですので、どんなお仕事でも大丈夫です。しかし、自分のことや人のことを許せないと、職場の人間関係が仕事に大きく影響します。決して誰かを責めることなく、自分ができることを人目を気にせずとことんやっていきましょう。

真面目なゆえに真剣に仕事と向き合うため、お昼休憩などはきちんととってリラックスすること。午後からのお仕事にも力が入るでしょう。

魅力あふれる人が多い紋章ですので、タレントやモデル、ヒーラー、宗教に関わるようなお仕事も向いています。

恋愛

純粋で魅力的な人ですが疑うことなく人を信じるところがあるので、だまされないように気をつけてください。たとえだまされたとしても受け入れる寛容さが大切です。

少し融通がきかないところがあるので、相手に対しても自分が正しいと思って、意見を押し付けないようにしましょう。

承認願望が強いので、白い魔法使いの人と付き合う時は、ちょっとしたことでもきちんと褒めるようにし、「あなたを見ている」というのをアピールしましょう。

この紋章を持つ有名人

岡田准一、上戸彩、ダライ・ラマ、江角マキコ、福山雅治

白い魔法使い

青い鷲
(メン)

先を見通す力に長け、
戦略的な眼を持ったクールなあなた。
大局的に物事を捉えるようにすると
うまくいきます

紋章の意味

勘が鋭く直感的なひらめきをもつクールな人。頭の回転が速く、先のことを見据える力があるので、まだ誰もやっていない事をしたりして成功する人もいます。

とはいえ、打たれ弱い面もあり、それほど心が強いわけではありません。モチベーションが下がってしまうと、絶望感に包まれることも。常に自分のモチベーションを維持することが大切です。

いつも心が満たされているようにすると良いでしょう。

性格

鷲のように鋭い目で、人の心の動きをよく見ています。そのため、相手は自分のことを今、どう思っているのだろうとか、自分を気に入ってくれているのかなど、人の心の動きを読み取りネガティブになってしまうところも。大切なのはネガティブさのコントロールです。

人に対してもクールに見るため、相手を批判して傷つけてしまうこともあるので、厳しくなり過ぎないように注意しましょう。

奉仕や人を助けたいという救済意識も持ち合わせており、NOと言えずに心がクタクタになることも。自分に休息を与えることも大切です。

鷲は空高く飛び、全体を見ているため、全体が見えていないと不安になるところがあります。会議や講義などでも、一番後ろの席に座る人が多いのが特徴です。

常に動いていることがエネルギーにつな

がります。

仕事

とても頭がよく、先を見据えることができるので、仕事に恵まれています。人の心の動きもみているため、交渉事も得意です。女性であっても、家庭に入るというよりは、仕事に生きるタイプが多いようです。

仕事は優秀ですが、詰めが甘いところがあります。資料などは誤字脱字がないか最後まで確認を怠らないか、その辺をきちんとサポートしてくれるような部下を持つといいでしょう。

先見性があり、未来のビジョンを描けるため、政治家も多いのが特徴です。また、自らが責任ある立場に立つことで本領を発揮することができるでしょう。

恋愛

青い鷲には「心」という意味があり、心を動かされる人に惹かれます。また、クールな反面、心が通じ合うことで安心感を得るため、不安にさせないことも大切です。

恋愛中は、心の状態が仕事に大きく影響を及ぼします。彼氏とうまくいっているときは、仕事の調子もよいのですが、彼氏とケンカをしてしまうと、モチベーションが下がり、仕事に行きたくなくなることも。

彼氏のマイナス面も、よく見えることでしんどくなることがありますので、スルーできる心を持つようにしましょう。

この紋章を持つ有名人

東山紀之、二宮和也、大竹しのぶ、柳井正

黄色い戦士
（キーブ）

チャレンジ精神あふれる
行動派のあなた。
実直な生き方は信頼を勝ち取り、
どんな困難も乗り越えることができます

紋章の意味

黄色い戦士は、チャレンジ精神あふれる行動派です。どんな困難や苦しいことも冷静に対応できる能力を持っています。

突破力も目を見張るものがあり、目の前の壁をどんどん乗り越えていく強さも持っています。

「戦いの力」という意味もあるのですが、「戦い」の本質はまさに自分との戦いで、チャレンジするものを見つけては、それに向かって挑んでいきます。

まっすぐで正直なところがあるので、周囲の人からは厚く信頼されるでしょう。「生涯現役」の姿勢でどんどん行動していきましょう。

性格

実直でウソがつけないため、お世辞は苦手です。負けず嫌いな面もあるでしょう。

本来、困難に対しても立ち向かっていく力を持っているのですが、不信感が芽生えた瞬間から行動に移すことができなくなってしまいます。

そういう時は慎重さが前面に押し出され、本来の挑戦意欲は遠ざかってしまうでしょう。

戦友のような人を周りにいっぱい持つことで、安心感に包まれ力が湧いてきます。何があっても、恐怖心を乗り越え、勇気を持って挑戦していきましょう。

たとえ落ち込んだとしても、立ち直りが早いメンタルの強さも特徴です。

一つの物事を何度もかみしめるように考え、自問自答を繰り返して答えを出していくタイプです。問題点を洗い出し、解決に踏み切りましょう。

仕事

くじけない心の持ち主ですので、営業の仕事やスポーツ選手などに向いているでしょう。

他の人から見ると、逃げ出したくなるようなところでも、どんどん新規開拓をしていき、いつのまにかトップ成績を取っていることも。会社がピンチに陥った時に頼もしい存在となるでしょう。

目的志向型の紋章ですので、挑戦するものを決めて、生涯現役の姿勢で全力投球するといいでしょう。

恋愛

たとえ本当のことであっても、相手を傷つけてしまうことは言わないよう、思いやりの気持ちを持つことが大切です。おだてたり、ほめたりすることもあまりしません。ありのままの自分の思いを伝える人です。ラブラブな恋愛というより元同級生のような仲間に近い関係からスタートし、人生という荒波を乗り越えるパートナーとして考えた方がうまくいきます。戦友や同士のように、共通の目的に向かって仲良く進んでいく関係が良いでしょう。さっぱりした前向きな人に惹かれる傾向があるでしょう。

この紋章を持つ有名人

谷亮子、細木数子、北川景子、吉田羊

赤い地球
(カバン)

心のつながりを求め、
絆を大切にするあなた。
あなたの持つ言葉の力は、
周囲の舵取りとして活躍することでしょう

紋章の意味

赤い地球は思いやりが深く、人を元気にさせてくれる存在です。人と人との絆をとても大切にしていて、一度結んだ絆はよほどのことがない限り、裏切らない人でしょう。

単独行動よりも仲間と一緒に行動する方がエネルギーが高まります。

人と語り合いたいところがあり、上辺だけではなく本質の部分で相手とつながりたいという感覚の持ち主。

また、感動屋さんで相手の心を動かすことができる人でもあります。感動的な体験、心を揺さぶられる体験をたくさんしていきましょう。

性格

バランス良い判断ができるため、人から相談されることも多いでしょう。意外と地球でのなじみにくさを感じている人もいます。寂しさに弱いところがありますので、絆を中心とした一体感を持つことが大切です。たとえ一人になったとしても必要以上に孤独を感じないこと。

赤い地球は、リズムと共鳴する紋章ですので、ダンスや、歌、太鼓をたたくなど、リズムに乗ることでエネルギーが高まります。リズム感の良い人も多いでしょう。

言葉に不思議と力と重みがあるため、スピーチも非常に上手で説得力があり、人の心を揺さぶり、リーダーシップを発揮して引っ張っていくことができるでしょう。

仕事

縁の下の力持ち。社長のブレーンなど、後ろで方向性を決めるような仕事も向いています。もちろん、リーダー的立場もいいでしょう。

言葉に力があるので、人前で話す仕事も向いています。言葉で心を動かすことができることから、歌手や、講演会、演説などをすると、人の心を揺さぶることができるでしょう。

また、大企業というより、小さな会社で連帯感を感じながら働くのもオススメです。大企業であっても少人数のグループで、1つのプロジェクトを進めるなど、仲間と絆を深く結びながら進める仕事も良いでしょう。

恋愛

心を許せる人と、本音で語り合い、距離を縮めていくことができます。心から語り合えるような人を選ぶといいでしょう。

とはいえ、恋愛によって生活のリズムや自分のペースを狂わされるのは苦手です。自分のペースを尊重してくれる人がオススメです。

寂しがりやなところがありますので、異性問題を起こした時は寂しさが原因と考えていいでしょう。できるだけ寂しさを感じさせないように連絡をマメに取り合える相手がオススメです。

この紋章を持つ有名人

市川海老蔵、瀬戸内寂聴、浜崎あゆみ

白い鏡
（エツナブ）

守ることを大切に行動する
秩序あるあなた。
曇りのない鏡で、
内面を見つめ続けることが大切です

紋章の意味

白い鏡は、自立心が強く礼節を重んじる人です。秩序を大切にしていますので、守るべきことを守らない人には不快感を表します。嘘や言行一致していない人に対して厳しいでしょう。

何事も真正面から取り組むことが大切です。鏡と鏡を真正面におくことで、永遠の空間が生まれます。ですので、真正面から自分と向き合い、様々な問題を乗り越えていきましょう。

「鏡」には「映し出す」という作用があることから、目の前に起きる出来事は、自分の心が反映されたものと捉えると良いでしょう。

性格

約束や言ったことを守るというように、きっちりとした性格ですので、約束事を守らない人に不快感を示します。人に甘えることが苦手で、表現も器用ではありません。

また、切れ味鋭いナイフのような毒舌も持っています。

自立心が強く、甘えは似合いません。甘えは鏡を曇らせる結果となります。甘えを捨てる覚悟を持つことで成功するでしょう。

また、自分だけの枠にとらわれず、「こうあるべき」という枠を外し、自分勝手な判断をしないよう気をつけましょう。

目に見えない美しさを求めるため、心や精神、生き様などに透明感と美しさを追求していくと良いでしょう。

白い鏡

いらないものをスパッと切り捨てることができる英断力も持ち合わせています。

仕事

白い鏡の人にとっては、「自立」がテーマでもあります。親に甘えているうちは成功しません。親のすねをかじるのではなく、きちんと仕事を持ち、覚悟を持って自立することが大切です。

約束や期限を守り、逆境にも強いため、きつい仕事でも耐えうる力を持っています。むしろ、困難や苦難を乗り越えるたびに鏡が磨かれていくでしょう。

映画・写真など映像、ブライダルに関わる仕事や、スピリチュアル的なもの、ヒーラー、セラピストなどもオススメです。

恋愛

真面目な恋愛をするタイプです。相手のこともシビアに見ているかもしれません。ルールや約束を守ることが大切です。

また、白い鏡の人に隠し事は向いていません。自分のしていることも映し出されてしまうので、万が一浮気などをしても、バレてしまうことがあるので注意しましょう。

白い鏡の人がキレたらよほどのことがあった証拠です。その時は情け容赦なくバサリと切り捨てます。ここぞという時にきちんと守ってくれる安心感を求めています。

この紋章を持つ有名人

松本人志、浜田雅功、やくみつる、テリー伊藤、有働由美子

白い鏡

青い嵐
(カウアク)

周りを巻き込む
強いパワーを持つあなた。
不安や心配に取りこまれなければ、
大きな結果を残すことができるでしょう

紋章の意味

青い嵐はエネルギーにあふれ、嵐のように周囲を巻き込んでいく力があります。自分の理念に没頭していく姿勢や行動は大きな力を持つことでしょう。大切なのは、外でエネルギーを放出させることです。

また、家族への想いも強く、青い嵐には「かまどの神」という意味もあることから、グルメな人も多く、料理上手でもあります。自分のことを理解してくれる人を持つことで、よりエネルギーが高まるでしょう。

性格

青い嵐はエネルギーにあふれ、嵐のような力を持つことでしょう。大切なのは、外の時は良いのですが、いったんネガティブ思考になると、被害者意識が強くなっていく傾向があります。スランプに陥ると長引く傾向にありますので、理解者の存在が大切です。

実際、直接話を聞いたわけではないのに、「あの人が私の悪口を言っていたらしい」というような噂レベルのものでも一度思い込んでしまうと、妄想の世界に入って悲劇のヒロインになってしまうようなところもあります。

暴走し、ネガティブエネルギーで周りを巻き込んでしまわぬよう、気をつけましょう。元気で快活で活動力ある人も多く、食べ物にこだわり、食べることで元気になる人です。自分だけでなく、人を元気にし、社会的影響力を持つ存在を目指しましょう。

現状に甘んじず、自分を変えたい、向上したいという気持ちがある人です。ただ、思い込みが強いところがあり、プラス思考

仕事

エネルギーが高いので、睡眠時間が少なくても、働くことができる人です。時にはブレーキをかけることもお忘れなく。

「かまどの神」という意味を持つ青い嵐は料理上手な人も多く、グルメでもあるので、料理に関する仕事もおすすめです。また、惚れ込んだものや人とかかわることをオススメします。

几帳面で正義感が強いところもあり、じっとしているよりも動きがある仕事のほうが向いているでしょう。常に前進していく人のため、社会で活躍する人も多いでしょう。頑張り屋で、困難に立ち向かうほど強くなれる人です。

恋愛

元々何かにのめり込むことで大きなエネルギーを発揮できる人ですので、惚れ込む人に出会うことで元気いっぱいになるでしょう。

ただ、思い込みが強いため、彼と連絡がしばらく取れないと不安になり、ネガティブな嵐に巻き込まれていくかもしれません。そのため、青い嵐の人にはマメに連絡をするなど、安心感を与えることが大切。自分のよき理解者になってくれる人を探しましょう。お料理上手な人も多いですよ。

この紋章を持つ有名人

坂上忍、中田英寿、稲垣吾郎、高田明

黄色い太陽
(アハウ)

生まれながらにして、
あらゆるものに恵まれやすいあなた。
おかげ様の精神が
さらなる輝きとなるでしょう

紋章の意味

太陽のような明るさと存在感を持っている人です。その場にいるだけで、場が明るく穏やかになる特性を持っています。

小さな頃からしっかり者で責任感も強く、親分肌。正々堂々と生きたい気持ちも強く、コソコソ隠れて人に言えないことをするのは似合いません。

常に前向きで面倒見の良いところがありますので、周りの人から信頼される人でしょう。

性格

主人意識が強いところがあり、人からとやかく言われるのは苦手です。自己中心的になり、わがままにならないよう気をつけましょう。

責任感が強いしっかり者で、人に対して公平に平等に接し、言動に一貫性があり頼もしい存在です。

小さなことにはこだわらない反面、面倒くさいことは嫌いです。自分の意見が通って当たり前と思っている人もいるかもしれませんが、決してそうではないことに気付き、自分を支えてくれる万物に感謝の心を忘れないようにしましょう。

一方で疎外感を感じてしまうと、モチベーションが下がり、やる気を失いやすいので、できるだけ輪の中にいるようにしましょう。

太陽のように揺るがないものを持ち、人々の拠り所となる存在を目指していきましょう。

第二部　20種類の「太陽の紋章」で、本当の自分を見つけよう！

仕事

責任が強く、太陽のようにどっしりと構えているので、指導者や経営者に向いています。どんな仕事においても、的確に仕事をやり遂げます。

また、一貫性のある生き方をするので、早くから自分の信念を持ち、それを叶える仕事をするとよいでしょう。

正々堂々としていたいため、裏での取引などは苦手です。存在感のある女優やアナウンサー、スポーツ選手も向いているでしょう。

できるだけ、公平さ平等さを意識して人に接していくようにしてください。上手に人を動かしていくこともできるはずです。

恋愛

存在感があるので、あなたがいるだけで、明るく温かい雰囲気になり、周りを包み込み、相手に大きな愛を与えます。

ただ、どうしても自分が主導権を握りがち。自分の思いを通すことばかり考えるのではなく、相手の気持ちを尊重する姿勢を忘れないようにしましょう。

黄色い太陽は、女性でもしっかりしている人だからこそ、相手の男性を頼りなく思うことも……。「足るを知る」という言葉を意識しておきましょう。

この紋章を持つ有名人

米倉涼子、沢尻エリカ、黒木メイサ

119　黄色い太陽

あなたを助ける「方位」、「時間帯」

20種類の「太陽の紋章」は、「赤い龍」「白い風」「青い夜」「黄色い種」などというように、それぞれに赤、白、青、黄の4つの色を持っています。

実はこの4つの色には意味があり、それぞれの色ごとに傾向があります。この色は起承転結（赤が起、白が承、青が転、黄が結）を表しており、また、この4つの色は、赤は東、白は北、青は西、黄は南と方角も示しています。

これは、太陽の紋章の色が赤色の人の吉方は東であるとか、そちらの方角に行かねばならないとか、そういった意味ではありません。

これらの色は、それぞれ、その人を助けてくれるものや、エネルギーを高めてくれる時間帯、自分のエネルギーが落ちてしまった時のヒントを教えてくれます。

では、太陽の紋章の「色」ごとに、どういう傾向があるのかを見ていきましょう。

東……「赤い龍」「赤い蛇」「赤い月」「赤い空歩く人」「赤い地球」

赤は、「東」に位置付けられた色で、東は「社会」を指します。社会における人間関係に助けられたり、応援されたりしますので、ぜひ普段から外の人とかかわっておくことをオススメいたします。お仕事でなくてもママ友やご近所さん付き合い、おけいこ事などでもよいでしょう。

太陽は東から昇ってくるように、太陽の紋章の色が赤色の人のエネルギーが高まってくる時間帯は朝です。朝の時間帯を有効に使うと良いでしょう。そして、赤の人が、少しエネルギーが落ちてきたと感じる時は、土に触れると良いでしょう。ガーデニングをしたり、畑を借りてプチ菜園を楽しむなど、土に触れることでエネルギーが高まってくることでしょう。

また、赤は、起承転結でいうと「起」、物事の始まりという意味もあります。ですので、太陽の紋章が赤色の人は、ゼロから1を生み出すことが得意な人です。土に種

をまくつもりで、新しいことを始めたり、社会とかかわっていきましょう。いろいろな人に出会うことで自分が磨かれ、成長していけるタイプです。

北……「白い風」「白い世界の橋渡し」「白い犬」「白い魔法使い」「白い鏡」

白は「北」に位置付けられた色で、北は「先祖」を指します。

太陽の紋章が白色の人は、日頃からご先祖様に感謝し、大切にすると良いでしょう。目に見えないもの（神事やスピリチュアル的なもの）に関心がある人も多いでしょう。

白色の人のエネルギーが高まる時間帯は、真夜中です。眠る前に心落ち着ける時間を持つようにしたり、目に見えないものに何か伝えてみるのも良いでしょう。

もし、自分のパワーが落ちたと感じる時は、目に見えない空気や呼吸を意識することをオススメします。

森林浴のように、空気がおいしい場所に出かけたり、外に出かけられなくても、自分の体の中からネガティブなものを吐き出すイメージで息を吐き、キラキラしたもの

西……「青い夜」「青い手」「青い猿」「青い鷲」「青い嵐」

青は「西」に位置付けられた色で、西は「パートナー」を指します。

太陽の紋章が青色の人はパートナーに助けられる人。仕事のパートナー、配偶者など、誰をパートナーにするかで人生が影響されます。そのため、パートナー選びは慎重にしましょう。パートナーとは理解者です。理解者を一人でも多く持つようにしましょう。

青の人が位置する西は、お日さまが沈んでいく方向。そのため、青の人のエネルギーが高まる時間帯は、夕方以降です。夕方以降も積極的に動いてみましょう。

を吸い込むイメージで呼吸をするだけでも、エネルギーがみなぎってくることでしょう。

白は起承転結でいうと「承」。承る役目があるので、もしかすると断捨離が苦手かもしれません。行き詰まった時は余分なものを捨てる（ものや考え方など）ことで道が開けるでしょう。

エネルギーが落ちた時には、水の力を借りると元気になるでしょう。温泉やお風呂にゆっくりとつかったり、プールで泳いで気分転換をしたり、川のせせらぎや滝など水の音を聞いたり、水を飲むといったことでも良いでしょう。

青は、起承転結でいうと、「転」。変化、変容のエネルギーです。変化を恐れず自己変革を目指すことで人生が開けていくでしょう。

南……「黄色い種」「黄色い星」「黄色い人」「黄色い戦士」「黄色い太陽」

黄は「南」に位置付けられており、南は「子供」「理想」「未来」を指します。

太陽の紋章が黄色の人は、理想をできるだけ明確にし、未来に対しての基盤をしっかり作る生き方をオススメします。理想が自分を助けてくれるのです。

エネルギーが高まる時間帯は、太陽が一番高いところに位置している真昼間です。

黄色の人は、正々堂々と王道を生きたい人が多く、納得できないことはイヤ、という人も多いようです。

黄色の人のパワーが落ちたときは火の力を借りると良いでしょう。キャンドルを焚いてみたり、火を使ってお料理をするのも良いでしょう。もちろん、キャンプファイヤーなど、燃えさかる炎を見ることでも、力が湧き出てきます。

黄は起承転結でいうと、「結」を表します。しっかりと仕上げをする役目です。できるだけ基盤をしっかりさせて安定した日々を送るようにしましょう。

コラム 2 マヤ人の叡智「インラケッチの教え」

マヤのあいさつ言葉で、「インラケッチ」というのがあります。

マヤ民族は動物や植物だけでなく、石や水などすべてのものに魂があるという考えでした。それらのものと自分に一切境目はなく、つながっていると考えていました。

「インラケッチ」を訳すると、「私はもう一人のあなたです」という意味になります。

私とあなたは「一体」。

やはり、私たちは「1つになる」ことが究極の喜びではないでしょうか。

この考え方は、ネイティブハワイアンの「ホ・オポノポノ」という考え方にも少し似ています。「今、あなたに悪いことが起きても、それは、私の想念の現れかもしれません。目の前で起きることはすべて私の責任です」というような解釈があります。インラケッチは、あなたも私もつながっているという統合意識があり、その意識で世の中がつくられていて、すべてがつながっているという考えです。

「1」という数字は分けることができない数字。親子が一親等であるように、子供がしたことは親である自分の責任と思えるのは一体だからこそ。二親等である兄妹に対してはそこまでの想いは持てません。だからこそ、インラケッチの精神とは、自分と関わるすべての人に親心のような気持ちを持って接すること。そして、一体だからこそ自分が変われば、相手も変わるのです。

想念はすべてつながっていると考え、自らの進化成長を目指していきたいですね。あなたとつながっていて、何今この世に存在するすべての人は、すべて必要な人。あなたとつながっていて、何らかの気づきを与える人なのです。

第三部

マヤ暦から読み解く、あなたの人間関係

~出会いの意味がわかると人生のシフトが起こる~

生年月日さえわかれば、あの人との関係性まで見えてくる

マヤ暦では、占いであるような、「相性が良い」「相性が悪い」というものはありません。そのかわり、紋章を使って、どのような関係性があるかを紐解いていくことができます。

マヤ暦では、4種類の関係性があります。

・ガイドキン……自分のことを導いてくれる人（反面教師の場合あり）
・類似キン……感覚や考え方が似ている人。仲良しの関係
・神秘キン……お互いひかれあい、刺激が強い関係
・反対キン……自分と背中合わせの立ち位置の人。視野を広げてくれる人

親、子供、恋人、夫や妻、友人、上司、同僚、部下などなど、あなたのまわりを取り巻く人たちの生年月日がわかれば、その人の持つ紋章を調べることで、自分と相手

第三部　マヤ暦から読み解く、あなたの人間関係

がどのような関係にあるのかを知ることができます。

例えば、恋人が自分と反対の立ち位置にいる反対キンの場合、もしかすると衝突が絶えないと悩んでおられるかもしれません。しかし、彼は私の知らない世界を見ている、反対のものの見方ができる人だと理解すれば、そういう考え方もあるのかと、自分の視野を広げてくれる意見として受け入れ、成長していくことができるのではないでしょうか。

このように、目安として関係性を知っておくと、どのような人であっても、自分にプラスとなる付き合い方ができるようになります。

それでは、4つの関係性について、一つひとつ見ていきましょう。

あなたに導きをもたらす「ガイドキン」

ガイドキンとは、自分のことを導いてくれる人。人生において行くべき道を示し助けてくれる人です。

ガイドキンの出し方は、131ページの表を使います。自分の太陽の紋章と、自分の音が交わるところを見てください。

例えば、「赤い龍」で音が2の人の場合は、「赤い空歩く人」がガイドキンになります。赤い空歩く人という紋章を太陽の紋章に持っている人が自分にとってのガイド役です。

もしガイドキンの紋章が自分と同じ紋章の場合（音1、6、11の人）は、自分以外の人でその紋章を太陽の紋章か、ウェイブ・スペルに持っている人が、ガイド役になります。

例えば、ご主人のガイドキンの紋章を奥さまが太陽の紋章かウェイブ・スペルに持っている場合は、ご主人のガイド役ですので、何かと頼られることが多いでしょう。

もし、ご自身の苦手な人が自分のガイドキンを持っている場合は、反面教師になってくれている可能性があります。失敗例を先に見せ、そうならないように導いてくれているのです。

第三部　マヤ暦から読み解く、あなたの人間関係

ガイドキンの出し方

太陽の紋章＼銀河の音	1、6、11	2、7、12	3、8、13	4、9	5、10
赤い龍	赤い龍	赤い空歩く人	赤い蛇	赤い地球	赤い月
白い風	白い風	白い魔法使い	白い世界の橋渡し	白い鏡	白い犬
青い夜	青い夜	青い鷲	青い手	青い嵐	青い猿
黄色い種	黄色い種	黄色い戦士	黄色い星	黄色い太陽	黄色い人
赤い蛇	赤い蛇	赤い地球	赤い月	赤い龍	赤い空歩く人
白い世界の橋渡し	白い世界の橋渡し	白い鏡	白い犬	白い風	白い魔法使い
青い手	青い手	青い嵐	青い猿	青い夜	青い鷲
黄色い星	黄色い星	黄色い太陽	黄色い人	黄色い種	黄色い戦士
赤い月	赤い月	赤い龍	赤い空歩く人	赤い蛇	赤い地球
白い犬	白い犬	白い風	白い魔法使い	白い世界の橋渡し	白い鏡
青い猿	青い猿	青い夜	青い鷲	青い手	青い嵐
黄色い人	黄色い人	黄色い種	黄色い戦士	黄色い星	黄色い太陽
赤い空歩く人	赤い空歩く人	赤い蛇	赤い地球	赤い月	赤い龍
白い魔法使い	白い魔法使い	白い世界の橋渡し	白い鏡	白い犬	白い風
青い鷲	青い鷲	青い手	青い嵐	青い猿	青い夜
黄色い戦士	黄色い戦士	黄色い星	黄色い太陽	黄色い人	黄色い種
赤い地球	赤い地球	赤い月	赤い龍	赤い空歩く人	赤い蛇
白い鏡	白い鏡	白い犬	白い風	白い魔法使い	白い世界の橋渡し
青い嵐	青い嵐	青い猿	青い夜	青い鷲	青い手
黄色い太陽	黄色い太陽	黄色い人	黄色い種	黄色い戦士	黄色い星

意志の通じやすい「類似キン」

類似キンは、横並びの立ち位置で感覚や考え方が似ています。一緒にいて居心地がよい関係です。ケンカしたり、対立関係になることは少ないでしょう。

類似キンの出し方は、133ページの早見表で自分の太陽の紋章が書いてある欄とウェイブ・スペルが書いてある欄を見てください。自分の太陽の紋章、ウェイブ・スペルと組み合わさっている紋章が類似キンです。

類似キンの紋章を相手が太陽の紋章に持っていても、ウェイブスペルに持っていても該当します。

カップルや友人、仕事のパートナーには最適で、意志が通じやすく、うまくいきやすい相手です。同じ目標に向かって、仲良く進んでいくことができるでしょう。

夫婦であれば、友達のような仲良し夫婦でいられるでしょう。

類似 KIN

赤い龍 × 白い鏡	秩序を重んじまっすぐな「赤い龍」と純粋で几帳面な「白い鏡」。脇道にそれることなく、物事が順調に進むコンビです。
白い風 × 赤い地球	両方の紋章ともにメンタルは弱い方で心と心の触れ合い、語り合いを大事にするタイプ。相手をよく知ることで安心する2人なので、擦れ違いが起きにくい。
青い夜 × 黄色い戦士	夢を大事にする「青い夜」とチャレンジャーな「黄色い戦士」。目的や目標が同じだった時の達成力はピカイチ！
黄色い種 × 青い鷲	探究心の強い「黄色い種」と知的で冷静な視点を持った「青い鷲」のコンビは、周囲も驚く成果をあげることができるでしょう。
赤い月 × 白い犬	使命感を持った時に全力で突き進む「赤い月」と、信頼に応えようと一生懸命頑張る「白い犬」。信じた道を誠実に進んでいくことができる組み合わせです。
黄色い星 × 青い猿	本物志向が高くきらびやかな「黄色い星」と、創意工夫に長けた「青い猿」という芸術的感性の高い紋章。相乗効果でクリエイティブなものを生み出せるでしょう。
白い世界の橋渡し × 赤い空歩く人	様々な世界と結びつきを持っている「白い世界の橋渡し」と、社交的な面を持ち新しい世界に入っていくことができる「赤い空歩く人」。2人が出会うと一気に世界が広がります。
赤い蛇 × 白い魔法使い	ひたむきで集中力の高い「赤い蛇」と、ベストをつくすために尽力する「白い魔法使い」。目標達成のために全力で没頭することでしょう。
青い手 × 黄色い人	両紋章ともに相手を理解しようとする能力が高く、理解し合えることでストレスのない人間関係が築けるでしょう。
青い嵐 × 黄色い太陽	思いの強さで人を巻き込み、人に良い影響を与えるエネルギーの「青い嵐」と、自らの明るさと知性で人を勇気づける「黄色い太陽」。人を巻き込みながら成長できるでしょう。

刺激を与え合う「神秘キン」

神秘キンは、向かい合っている立ち位置でひかれあうことも多く、刺激を与え合う関係です。

神秘キンの出し方は、135ページの早見表で自分の太陽の紋章が書いてある欄とウェイブ・スペルが書いてある欄を見てください。自分の太陽の紋章、ウェイブ・スペルと組み合わさっている紋章が神秘キンです。神秘キンの紋章を相手が太陽の紋章に持っていても、ウェイブスペルに持っていても該当します。

「神秘」という言葉が付く通り、その関係自体がベールを一枚まとっているような状態で、見えにくい部分もあるかもしれません。そのため、神秘キン同士のケンカは激しい傾向にあります。向かい合っていると、抱き合うこともできれば殴り合うこともできますものね。いったん亀裂が入ると泥沼化することもありますので、相手への尊重の気持ちを忘れないようにしましょう。夫婦で神秘キンの場合は恋人のように刺激ある関係でいられるでしょう。激しいケンカには注意してください。

神秘KIN

赤い龍 × 黄色い太陽	勢いある行動や真面目な姿勢が人々に信頼をもたらす「赤い龍」と、存在自体が人々に安心感を与える「黄色い太陽」。思った通りに物事を進めやすい関係。
白い風 × 青い嵐	繊細さを持った「白い風」と巻き込む力のある「青い嵐」。自分の感性や気持ちに正直になることで本来のミッションに気づくことができるでしょう。
青い夜 × 白い鏡	ミステリアスでつかみどころのない「青い夜」と透明感がありわかりやすい「白い鏡」。刺激を与え合うことで無限の可能性の扉が開かれることでしょう。
黄色い種 × 赤い地球	探究心があり専門性の高い「黄色い種」と引力がありリーダーシップを持った「赤い地球」。人、物事をまとめあげ、大きな成果を出せるかもしれません。
赤い蛇 × 黄色い戦士	明確で本能に正直な「赤い蛇」と実直で正直な「黄色い戦士」。力強い推進力は3次元を超えたパワーを呼び起こすことでしょう。
白い世界の橋渡し × 青い鷲	コミュニケーション能力が高い「白い世界の橋渡し」と俯瞰して物事を見ることができる「青い鷲」のコンビは様々な人に関わり影響を与えるようなことを成し遂げるでしょう。
青い手 × 白い魔法使い	実現するための分析力を持ち合わせている「青い手」とプロデュース力に優れた「白い魔法使い」がタッグを組めばひたむきに物事をやり遂げることができるでしょう。
黄色い星 × 赤い空歩く人	意欲的に何事にも挑戦する「赤い空歩く人」と堅実に物事を進めていく「黄色い星」。落とし穴にハマるようなことが回避できる関係。
赤い月 × 黄色い人	直感力のある「赤い月」と論理を重視する「黄色い人」。お互いのセンスの良さを生かすと不思議な魅力が生まれることでしょう。
白い犬 × 青い猿	愛と忠誠を大切にする「白い犬」と新しいアイデアをどんどん取り入れる「青い猿」。ゴールに向かう時の相乗効果は大きいですが、気をつけないと犬猿の仲になってしまいます。

新しい世界を開く「反対キン」

反対キンは、背中合わせの立ち位置で違う世界を見ています。お互いの違う視点を認めることができれば、貴重な学びを得られる相手です。

反対キンの出し方は、137ページの早見表で自分の太陽の紋章が書いてある欄とウェイブ・スペルが書いてある欄を見てください。自分の太陽の紋章、ウェイブ・スペルと組み合わさっている紋章が反対キンです。

反対キンの紋章を相手が太陽の紋章に持っていても、ウェイブ・スペルに持っていても該当します。

カップルやコンビ、夫婦など、お互いに尊重し合い、認めることができれば、あなたの世界を広げてくれることでしょう。しかし、考え方が違うと理解しようともせず、お互いに受け入れることができなければ、関係にひびが入ることもあるでしょう。

お互いに見ている景色が違うことを意識し、この人は自分の器を広げてくれる人、視野を広げてくれる人だと思うようにすればうまくいきます。

反対KIN

黄色い太陽 × 白い犬	リーダタイプの「黄色い太陽」と忠誠心の強い「白い犬」。役割分担がしっかりできればベストコンビに。
赤い龍 × 青い猿	真面目でプライドの高い「赤い龍」とユーモアがあり失敗も笑いに変えられる「青い猿」。お互いにない部分を取り入れることで成長できる組み合わせです。
白い風 × 黄色い人	感覚派の「白い風」と論理的で納得して進めたい「黄色い人」。役割分担がしっかりできれば物事が効率よく進められ、濃い内容のものに。
青い夜 × 赤い空歩く人	夢見がちで個人主義の「青い夜」と世のため人のためと考える「赤い空歩く人」。違いを理解し、少しでもお互いの考え方を取り入れられると人間関係がラクになるでしょう。
黄色い種 × 白い魔法使い	確固たる事実、自分が納得できることを重視する「黄色い種」と、純粋で不思議なことも受け入れられる「白い魔法使い」。壁にぶつかった時にお互いの考え方が突破口に。
赤い蛇 × 青い鷲	情熱的に今を生きる「赤い蛇」と冷静で将来を見通しながら動く「青い鷲」。補いながら物事を進められるとスムーズに目標が達成できるでしょう。
白い世界の橋渡し × 黄色い戦士	平和主義者の「白い世界の橋渡し」と戦いをいとわない「黄色い戦士」。お互い学ぶべきところがたくさんあるでしょう。
青い手 × 赤い地球	分析型で何事も自分で進めていく「青い手」と感情を大切にし仲間意識の強い「赤い地球」。チームの役割がしっかりするとうまくいくでしょう。
黄色い星 × 白い鏡	外見の美しさを大切にする「黄色い星」と内面の美を大切にする「白い鏡」。お互いの美しさに気づけばもっと美しくなるでしょう。
赤い月 × 青い嵐	冷静かつ腰の重い「赤い月」と思い込みで衝動的に動いてしまう「青い嵐」。ミスジャッジが少なくなる組み合わせ。

さまざまな関係性の事例

商売を継がせる場合

例えば、とても繁盛している洋食屋さんがあったとします。店は長男が継ぐべきということで、父親とは何の関係性もない長男にお店を継がせました。

そうすると、人気だったデミグラスソースの味が変わり、メニューも変わりました。

すると、洋食屋の常連さんが離れていき閑古鳥が鳴くように……。

そこでアドバイスとして、父親と関係性のある次男にも手伝ってもらったところ、父親のデミグラスソースを再現でき、うまくいくようになりました。

関係性があると、理解し合える部分があるので、このような家業を継いでもらう時も、単に長男、次男ということではなく、それぞれの父親との関係性を見ることがとても大切なのです。

ただし、これはうまくいっているものを、そのまま後継者に渡したいというケース

政治家の場合

アメリカの政治を見ていて面白いなと思ったのは、オバマ元大統領とクリントン元大統領は、キンナンバーが全く一緒だということです。

全く同じキンナンバーの人が全くアメリカの大統領になるということは、アメリカの政治は、まだ同じような流れが続くということを暗示していました。

そして、今度はオバマ元大統領からトランプ大統領へのバトンタッチです。この2人には全く関係性がありませんでした。つまり、アメリカは政治の流れがガラッと変わるということが暗示されているのです。

このようにあくまで目安ですが、政治の流れをみることもできます。

ちなみに、日本の歴代首相は、赤い月か白い世界の橋渡し、どちらかの紋章を持っ

ている人が非常に多いです。

赤い月は使命感を持って改革していく紋章ですので、「俺が日本を変える！」といった気持ちを強くお持ちの方なのでしょう。

白い世界の橋渡しは、外交が得意な人が多いので、世界をつないでいく橋渡し役として首相になっているケースも多かったりします。

ほかにも、習い事の先生やサッカーのコーチ、子供の家庭教師など、何か技術を教わる相手は、同じ紋章か、関係性がある人に教えてもらったほうが理解しやすく、身につきやすいでしょう。

このように、政治や企業の世界から、夫婦関係や子供の習い事のような身近なことまで、すべて関係性を見ると、そういうことだったのかと気付くことが多々あります。

ご縁と関係性の違い

つながりがない家族の場合

これまで紋章での関係を見てきましたが、マヤ暦では悪い組み合わせというものは、ありません。「すべて意味があってそうなっている」という考え方をします。ですので、それぞれの紋章の間に関係性がない場合も同じです。関係性がないといって、その人と縁がない、うまくいかないというわけではありません。意味があって、そうなっているのです。

例えば家族の中で、父親だけが家族の誰とも関係性がない場合もあります。母親、子供だけでつながっているケース。じつは、これは大企業の社長に多いパターンです。そういう人は、家庭での役割よりも他の役割を持って生まれてきている可能性が考えられます。

社長である父親が家族の誰とも関係性がないのは、社員のこと、会社のことを考え

なくてはいけないので、そちらへ意識を向けられるように、あえて家族とは関係性を持たせていないことが考えられます。

こういう関係性になっているのならば、父親がその役目を果たせるようにしてあげると良いでしょう。たとえば母親が、「ほかのお父さんは、みんな幼稚園の参観も来ているのに！」と責めるのではなく、「お父さんはお仕事頑張ってるね」と子供に尊敬の眼差しで伝えるというように、それぞれの役割を尊重できるといいですね。

また父親も母親も、子供と全く関係性がないというケースがあります。そういう場合は、兄弟同士で関係性があることも……。

両親が仕事で忙しいケースや商売をして家にいることができず、子供たちだけで協力をしてお留守番をしやすいようにしているのかもしれません。これも、子供たちが寂しくならないように、親とは関係性をつなげず、子供同士だけでつなげていることが考えられます。

そういう場合は、親は安心して仕事をしても良いでしょう。

関係性がない夫婦の付き合い方について

夫婦で関係性が何もない場合もあります。私と夫も、全く関係性がない夫婦です。これはわかりやすくいうと、違う星から来たような2人が一緒になっているようなもの。使っている言語も違うので、理解できないこともたくさんあるでしょう。

しかし、それがダメというわけではありません。では、どう付き合っていけば良いのでしょうか？

大事なのは、相手を尊重することです。

関係性がないということは、2人はすれ違いくらいがちょうどいいかもしれません。意識もあまり向かないのでラクな関係でもあります。仕事が忙しいなど、何らかの理由で一緒に過ごせないような状況になっても大丈夫です。

私と夫の場合も、私が出張で家を空けることも多いので夫婦一緒にいられる時間が少ないということが、マヤ暦で示されているのです。

実際、結婚後、ありがたいことに仕事がどんどん忙しくなり、一緒に過ごす時間が少なくなっています。意味があってそうなっているんだなと思う日々です。

他にも、関係性がない夫婦の場合、共通項を持つというのも、良好な関係作りにはおすすめです。

そのひとつが子供です。

二人の関係性がないということは、話題も共通項も少ない傾向にあるので、子供を持つことで共通の話題を増やすことができます。子供がいない場合は、ペットを飼うのもいいでしょう。

ペットも、夫婦にとっては子供のような存在ですので、共通の話題が増えます。

じつはペットも生年月日さえわかればマヤ暦が使え、ペットも関係性がある人に懐いていたりします。

いくらすれ違いでもいい、といっても、共通項がないよりはあったほうがいいでしょう。そうでないと、本当に会話のない夫婦になってしまい、それではお互いに対する尊重も生まれません。

144

関係性のある夫婦の場合

関係性がない場合は、共通項を見つけると良いですが、もともと共通項がたくさんある類似キンや神秘キンでつながっている場合は、できるだけ一緒に過ごしたほうが良いでしょう。出張中など離れている間も、まめに連絡をしてコミュニケーションを取りましょう。

関係性がある夫婦のすれ違いは別れの原因になりかねません。関係性があるということは、糸がつながっているような状態ですので、絡まった時にはこじれてしまうことも……。

私の場合、前の夫とは関係性がありましたので、いつも夫のことを考えてしまい、「今夜もまだ帰ってこない」と、夜の11時、12時、1時と1時間ごとに時計を見て、「一体、何をやっているんだろう」と心配ばかりしていました。

今、思うと、そのころの自分は精神的にも金銭的にも自立しておらず、専業主婦が人生で一番幸せなのだと思い、いい奥さんを演じることに一生懸命でした。でもそれ

は、マヤ暦の本来の自分の姿から離れたものでした。

もし、私が精神的に自立をして、自分のやりたいことをやり、仕事もバリバリしていたら……。

決して相性が悪かったのではなく、自分が本来の姿を生きていなかったことが、うまくいかなかった一番の原因なのです。

関係性はあっても、夫が反対キンの人の場合は、「考え方は違うけれど、自分の視野を広げるために、夫の考え方を採り入れることで、自分の可能性はグッと広がる」と、学びの姿勢で接していくといいでしょう。

同じ紋章を持つことについて

紋章にはそれぞれ赤、白、青、黄の色がついていますが、同じ色の紋章同士だと何かあるということは、特にありません。色によっての特徴は似てくるかもしれませんが、同じ色だから関係性があるということはないのです。

第三部　マヤ暦から読み解く、あなたの人間関係

また紋章が同じ場合も、関係性があるとはいいません。

しかし、紋章が同じ人同士は、感覚が似ていてわかり合える人でもあります。特に太陽の紋章同士が同じ人は、一緒にいると、とてもラクな関係です。

ウェイブ・スペル同士が一緒の場合は、一見、行動様式が違っていたり、性質も違っているので、「あれっ？」と思うようなことがありますが、根っこの部分では深くつながっていますので、腐れ縁になったりするケースも多いようです。

家族の中で、ウェイブ・スペル同士が同じだと、前世からのつながりなど歴史的な関係があると思ってもいいでしょう。

紋章だけでなく、同じキンナンバーの場合、決して性格が似ているわけではないですが、人生の傾向が似てくることが多いようです。

また、同じキンナンバー同士の夫婦も結構います。

この場合は、性格が似ているわけではありませんが、双子みたいな夫婦という立ち

147

位置です。

しかし、同じキンナンバーの夫婦は、不思議と離婚も多いのです。なぜなら、自分と同じですので刺激が感じられないことも原因のひとつかもしれません。

このように、それぞれの関係性は、何が良い悪いではなく、意味があって、そうなっているわけです。関係性があるからいい、ないから悪いというわけではありません。

たとえ関係性があっても、ベースに尊重がないと、関係性も成り立ちません。お互いに相手を尊重してこそ、それぞれの紋章同士にある関係性の良さは生かされるのです。

紋章でみる人間関係の読み解き方

自分の持っている紋章、そして関係性のある紋章はわかりましたでしょうか？ では、具体的に人間関係に当てはめながら見ていきましょう。

第三部 マヤ暦から読み解く、あなたの人間関係

❖ 関係性の見方 ❖

上の図のように、まず、真ん中の白い部分に自分の紋章を書きます（P188〜189に関係性用の図がありますので、コピーしてご活用ください）。左側が太陽の紋章で、右側がウェイブ・スペルです。

次に自分の紋章に対応する関係のある紋章をP131、133、135、137を見ながら埋めていきます。ちょうど色のついている部分です。

同じ作業を、関係性を読み解きたい相手でも行います。相手の生年月日から、キンナンバーを割り出し、太陽の紋章とウェイブ・スペルが何なのか書き出します。

これで準備が完了しました。

自分の色のついている部分の紋章（太陽の紋章とウェイブ・スペルに対応しているガイドキン、反対キン、類似キン、神秘キン）が、相手の色のついている部分の紋章もしくはウェイブ・スペル）と同じものがあれば、反対キンや類似キンのように対応する関係性があるということになります。

相手の色のついている部分に、自分の色のついている部分の紋章がない場合は、関係性がないということになります。

次からはもっと具体的に見ていきましょう。

事例1 関係性のない夫婦

事例1（上の図）をご覧ください。キンナンバー88で音10を持っている男性は、太陽の紋章が「黄色い星」、ウェイブ・スペルが「青い嵐」です。一方、キンナンバー75で音10を持っている女性は、太陽の紋章が「青い鷲」、ウェイブ・スペルが「白い世界の橋渡し」です。

男性の関係性のある紋章（「黄色い戦士」「白い鏡」「赤い空歩く人」「青

い猿」「赤い月」「白い風」「黄色い太陽」）が、女性の太陽の紋章とウェイブスペルに当てはまりません。

このお二人は夫婦なのですが、このような図で示される夫婦が「関係性のない夫婦」となります。自営業を営んでおり、日夜仕事に追われる毎日。夫婦でゆっくり会話をする時間もありません。

「もっと家のこともやってよ！」
「たまには家族サービスでもしたらどうなの？」
「注文が入る毎日はとてもありがたいこと。お互いに一生懸命仕事をやっている証。一緒にいる時間が短くてもうまくいくようになっているんだ」

そんな風に思うこともあったようですが、そう思えるようになったら、不満ではなく尊敬の気持ちや感謝の気持ちが持てるようになったそうです。

たまに一緒にいる時には、たまった不満をぶつけるのではなく、お互いを思いやる気持ちになるので、心地よい時間を過ごせるようになったようです。

事例2 関係性のある夫婦

一方で**事例2**（上の図）のような場合。キンナンバー41で音2を持っている男性は、太陽の紋章が「赤い龍」、ウェイブ・スペルが「黄色い太陽」です。一方、キンナンバー31で音5を持っている女性は、太陽の紋章が「青い猿」、ウェイブ・スペルが「青い手」です。

男性の関係性のある紋章の中で、反対キンが女性の「青い猿」。これが女性の

太陽の紋章に当てはまります。このお二人も夫婦ですが、このようにいずれかの関係性のある紋章が太陽の紋章かウェイブ・スペルに当てはまる図が描ける場合、「関係性のある夫婦」となります。

もともと自分にないものを持っているところに惹かれて結婚したはずなのに、いざ一緒に生活を始めてみると、衝突することもしばしば。真反対のことばかりを言われ、これから先の人生を共に歩んでいくことができるのだろうかと心配されておりました。

しかしマヤ暦での関係性を知ることで、

「私の意見が気に入らなくて反対しているのではなく、背中合わせになっているように、違う視点を持っているだけなんだ」

こう捉えられるようになったと言います。すると、気になることはマメに話し合い、お互いがどう思っているのか、冷静に聞けるようになったそうです。

「自分では思いつかないアイデアを受け入れることで、世界が広がりました。まだまだ知らない楽しいことが待っている、そう思えるようになり、彼の一生懸命さもわかり、本当にこの人と結婚してよかったなと感じています」

反対キンという関係性でつながっているお二人。そのことを知っているだけで、無

154

第三部　マヤ暦から読み解く、あなたの人間関係

用なトラブルを防ぐことができるのです。

では**事例3**（P156〜157）のような場合はどうでしょうか？

3人のお子さんがいるご家族です。夫婦の関係性を見てみると関係性はありません。そしてお父さんは子供たちとも関係性がありません。

お父さんはお仕事で遠洋漁業の航海士をされていたそうで、家にいられる時間は少なかったと言います。お母さんと子供、そして子供同士に関係性がありますので、お母さんが家庭を守り、兄弟同士で刺激し合い成長していく道筋が示されています。つまり、お父さんが仕事に情熱を注げる環境になっているわけです。

実際にお父さんは仕事に邁進し、社長へと出世しましたそうです。家族で過ごす時間は短くとも大切にし、家庭の不和となることもなかったそうです。

155

感性豊かな息子2人と面倒見のよい母娘。母と子はしっかり関係性がある

第三部　マヤ暦から読み解く、あなたの人間関係

事例3 ● 父だけが関係性のない家族

太陽の紋章について

	ガイド 赤い空 歩く人	
反対 青い猿	赤い龍	類似 白い鏡
	神秘 黄色い 太陽	

氏名　**父**　KIN　**241**　音　**7**

ウェイブ・スペルについて

反対 赤い蛇	青い鷲	類似 黄色い種
	神秘 白い世界 の橋渡し	

太陽の紋章について

	ガイド 赤い空 歩く人	
反対 青い嵐	赤い月	類似 白い犬
	神秘 黄色い人	

氏名　**母**　KIN　**29**　音　**3**

ウェイブ・スペルについて

反対 赤い地球	青い手	類似 黄色い人
	神秘 白い 魔法使い	

関係性のない夫婦

事例4（P159）はどのような関係性が読み解けるのでしょうか？

Aさんは、BさんとCさんという2人の部下を持っています。

類似キン「青い嵐」を持っている部下であるBさんとは阿吽の呼吸で仕事が進められるでしょう。ただし、わかってもらっているからという意識でいると、甘えや傲慢さがでてきてしまうので気をつけましょう。

なんだかそりが合わない、反対意見ばかりだなと感じてるCさんは、Aさんにとっての反対キン「白い犬」があるからです。しかし、そこには必ずあなたにはない考え方や視野を広げていくための学びがあるということです。

意見が合わないとはねのけずに違う考えを受け入れることを心がけると、Cさんも伸びていきますし、Aさん自身もCさんからの気付きによって、器の広い上司に成長していくことができるでしょう。

事例4 反対キンと類似キンの関係性がある部下

事例5（P161）のようなケースの場合もあります。
関係性はないけれど、家族のナンバーを見ていたら、お母さんの紋章と義理のお母さんのキンナンバーが全く一緒というケースです。

このような場合、これまでお母さんとの関係がうまくいっていなかったなら、もう一度母と娘の関係を、義理のお母さんでやり直してみましょうというメッセージが考えられます。

親子だけでなく、元夫と今の夫など、同じ役割の人が同じ紋章を持っているケースがあります。これはまだやり残したことがあるというメッセージ、もしくは次こそはここで幸せになりなさいというメッセージなのです。

もともと仲が良かった場合はとても深いつながりをもっている関係。自分の母と同じように仲良くできるということが、マヤ暦では示されています。

事例5 親と義理の親のキンナンバーが同じ

コラム 3

マヤ人の叡智「すべて準備されている」

マヤ人の教えで、「すべては準備されている」という言葉があります。私は、この言葉を知って人生がすごく楽になりました。

私は、マヤ暦を知るまでは、すごく慎重で先々のことを心配したりするタイプで、なかなか前に進むことができませんでした。しかし、このマヤ暦の教えは、すべてのことには天の配剤があり、人それぞれに資質や能力、タイミングをほどよく配してくださっている。すべては準備されているから、目の前のことにベストを尽くせば運ばれていくんだということを知りました。

すべては準備されているので、ゆだねることをしてみましょう。

例えば、以前、私のセッションに、「子供が志望校に落ちてしまった。どうしましょう」という親御さんがいらっしゃいました。

一流大学を目指して勉強をして、模試で合格圏内の成績をとっていても、不合格のケースもあります。もちろん何度かチャレンジするのも良いでしょう。ただ、第2志望校に合格し、そちらを選択するケースもあるでしょう。その結果、第2志望校でかけがえのない友人に出会えたり、尊敬できる師に出会えたり、打ち込めるものに出合えたりとすごく充実したキャンパスライフが準備されているに違いありません。要はやることをやった後に出た結果を受け入れる、ということが大切なのかもしれません。

何事も、やることはやる、という姿勢が大事です。もし結婚したいのであれば、家にずっと引きこもっているのではなく、出会いの場に積極的に行く。周りの人にも結婚の意志があることを伝えておく。そして結果は天にゆだねておく。この生き方ができると気持ちがずいぶんラクになると思います。

仕事も同じです。今、その会社にいるということは、ここがまず今の自分の居場所であって、誠心誠意、目の前の仕事をすることで次の居場所が準備されるのではないでしょうか。

ですので、やることをやっておけば大丈夫！
私はこの教えを知り、離婚を受け入れることができましたし、その後の再婚も、できるかどうかはわかりませんでしたが、やることはやろうと積極的に動いたりもしました。
まずは精一杯努力すること。そして結果は、天にゆだねるようにしましょう。

第四部

あなたの人生の道しるべとなる「4つの時代」とは

～マヤ暦が指し示すリズムに乗るために～

13年周期で訪れる「赤の時代」「白の時代」「青の時代」「黄色の時代」

マヤ暦では、13年ごとに「赤の時代」「白の時代」「青の時代」「黄色の時代」が訪れます。つまり、赤の13年、白の13年、青の13年、黄色の13年というように、13年を4回くり返して52年の周期になっているのです。

グレゴリオ暦の還暦は60歳ですが、52年でひとめぐりするマヤ暦では、52歳が還暦にあたります。これは、52歳の誕生日に、生まれた日のエネルギーが巡ってくるということになります。

ですので、マヤ暦での52歳は大切な節目の時であり、「ゼロに戻る、新たな出発の時」と考えられています。52歳からは自分で自分の人生を切り開いていく時だと思っていただければ良いと思います。

52歳の年は、自分のキンナンバーが年回りのエネルギーとしても流れていますので、自分のキンナンバーの意味を考えさせられるような出来事や出会いが準備されている

第四部　あなたの人生の道しるべとなる「4つの時代」とは

かもしれません。そのことに気付き、再出発の気持ちで過ごすことで、新たなお導きが準備されることでしょう。

「赤の時代」「白の時代」「青の時代」「黄色の時代」にも、それぞれ、その色が持つ意味と同じように、起承転結の意味があります。

つまり、赤の時はその人にとって勢いのある時代となりますが、何歳の時に赤の時代が準備されているかは人それぞれです。どの時代にも意味がありますので、良い時代、悪い時代というものはありません。それぞれの時代の過ごし方を意識して魂の成長を楽しんでいただきたいと思います。

また、自分が、現在、何色の時代にいるかを知ることで、どういう過ごし方をすれば良いかわかってきます。

自分が生きている時代の出し方

自分がどの時代に生まれ、今、どの周期にいるか、190ページの表を使って調べていきましょう。

まず、あなたのキンは何ですか？

例えば、キン31で、太陽の紋章が「青い猿」、ウェイブ・スペルが「音5」の人は、青い時代の5年目に生まれたということです。この場合、時代の色はウェイブ・スペルの色をみます。何年目というのは、音の番号をみます。

キンが203で、太陽の紋章が「青い夜」、ウェイブ・スペルが「黄色い戦士」、「音8」の人であれば、黄色い時代の8年目に生まれたということです。

キンが31で太陽の紋章が「青い猿」、ウェイブ・スペルが「青い手」、「音5」の人を例にすると、190ページの表の青の13年サイクルの5年目が生まれた年、つまり0歳ということになります。

第四部　あなたの人生の道しるべとなる「4つの時代」とは

青の6年目が1歳、青の7年目が2歳、青の8年目が3歳……と書き込んでいくと、自分が何歳の時に何色の時代にいたかを知ることができます。

例えば先ほどのキン203で太陽の紋章が「青い夜」、ウェイブ・スペルが「黄色い戦士」、「音8」の人であれば、黄色の時代の8年目に0歳と書き込み、9年目が1歳、10年目が2歳、11年目が3歳と書き込んでいってください。

この表を完成させれば、自分が今、何の時代を生きているか。何歳で何色に変わるかが、すぐにわかるはずです。ぜひ、あなただけでなく、家族や友人も調べてみてください。

「赤の時代」を生きているあなたへのアドバイス

赤の13年間は、非常に活気にあふれエネルギッシュな時です。赤には「社会」という意味がありますので、社会の人に助けられたり、応援される13年間。起承転結の「起」にあたる13年間で、誕生、生存、チャレンジがキーワードになります。

この13年間は、ゼロから1を作り出すくらいの気持ちで、新しい人とも積極的に出会っていただきたいと思います。引きこもっているのではなく、積極的に社会と関わることが大切です。臆病にならず、いろんなことに挑戦してみましょう。

新しい習い事を始めたり、新しい資格取得にチャレンジしてみたり、思い切って起業をするのもオススメです。

赤の時代は勢いがあるので、迷っていることがあるなら、思いきって前に進む決断をしていきましょう。

ここで赤の時代の波に乗ることができれば、いい方向に物事が進みやすくなります。

出会いも多く、新しい人間関係を意識して行動すると、人生が豊かになり、それがきっかけで仕事の幅も広がっていくでしょう。

勢いのある赤の時代は結婚もオススメです。結婚はある程度の勢いがないとなかなかできないですものね。是非、失敗を恐れず、チャレンジしてみることが重要です。

多少の困難があっても、赤の時代ならば、それを乗り越える力が作用してくれます。

何事もチャレンジ精神でいきましょう。

 ## 「白の時代」を生きているあなたへのアドバイス

白の13年間は、先祖など目に見えないものからの応援を受けやすい期間。起承転結の「承」にあたる13年で、継承、調整、洗練、鍛錬がキーワードになります。

この13年間は、赤の13年間で生み出したものや、築き上げたものを継承して、どんどん磨きをかけていく期間になります。なぜなら、生み出したばかりのものは、粗削りで、形としても不完全なものばかり。それを、自己鍛錬によって洗練させ、調整してひとつの形に作り上げていくのです。

例えば、赤の時代に始めた趣味があれば、さらに極めて資格を取ったり、人に教えられるぐらいのレベルまで習得していくと良いでしょう。

技術を高めるだけでなく、精神性も同時に高めていくことが大切です。

人と関わり合いを持つことで、あなた自身もいろいろなことを学び、人間としても洗練されていくでしょう。自分の内面を磨くことで、よい人間関係も広がっていきます。

また、断捨離も向いている時ですので、余分なものを手放していきましょう。本当に大切なものに気付いていくことで、ぶれない自分が形づくられていくことでしょう。

白の時代は、赤の時代と違って、勢いだけではうまくいかない時期です。結婚も、赤の時代と違って、相手の内面をよく見て決めるようにすると良いでしょう。

白の時代に、しっかりと自分を見つめ、磨いておくことで青の時代がより良いものになります。

ご先祖様の計らいもある時ですので、お墓参りをしたり、神社仏閣を参拝するなど、目に見えないものを大切にするようにしましょう。

「青の時代」を生きているあなたへのアドバイス

青の13年間は、変化変容のエネルギーが流れている13年間。起承転結の「転」にあたる期間で、変容、改変、改良、チャンスがキーワードになります。

白の時代で洗練された物事や経験、人間関係を違った視点から変容させていき、新しい形や改良を加える期間となります。

例えばわかりやすく言いますと、赤の時代でパン作りを趣味として始めたとしたなら、白の時代には人に教えられるレベルになり、青の時代ではそれがきっかけで、レシピ本を出さないかという話が来たり、お店を出さないかと声をかけられたり、今までとは違った変化が訪れるというように。これまでの生活とは一転し、さまざまな変化が訪れる時期でもあります。

今までとは違う、変動の大きい期間となるでしょう。

しかし、変化というものはなかなか大変です。いつもと違う状況に自分を順応させ

なければいけないのですから。そのため、精神的にも疲れたり、心が落ち着くパートナーが欲しくなる時期です。実際、青の時代で結婚する人も多いのです。出会いも多い時期ではあります。

パートナーがいない人でも、理解者の存在がとても大切な時期です。何でも相談できるような友人、上司、同僚など、あなたの理解者を一人でも多く増やすようにするといいでしょう。

さらに青の時代の後半は、これまでの苦労が報われやすい時期でもあります。白の時代をどう過ごしてきたかでも大きく変わってきますが、白の時代に、自分をじっくり見つめて鍛錬してきた人は、青の時代に、事業が成功したり、チャンスをつかむなど、嬉しい出来事が結果として返ってきやすいでしょう。

「黄色の時代」を生きているあなたへのアドバイス

黄色の13年間は、子供や理想に助けられる期間。起承転結の「結」にあたる13年で、

第四部　あなたの人生の道しるべとなる「4つの時代」とは

熟成、刈取り、感謝、貢献がキーワードになります。

これまでの努力が、実を結ぶ時期です。今までの経験が一つの大きな結果となり実を結び定着していくことでしょう。

時間やお金、人間関係においても恵まれやすい期間となります。

ただし、このように恵まれた状態になるためには、それまでの積み重ねがあってのこと。そして常に周りの人たちや自然、生物など、万物に対して感謝の気持ちを忘れないようにすることが重要です。

どちらかというと基盤を固めていく13年間ですので、あまりリスクを負うようなことはオススメできません。自分の理想を明確にし、足元をしっかり固め、次の赤の時代に飛び出せるように準備しておきましょう

これで13年が4つの色の時代を経て、52年の一区切りがつきました。

人それぞれ、何歳でその色の時代が巡ってくるかは違いますが、今どういう時を生

各色の時代に流れる音の意味

きているのかの目安として参考にしていただきたいと思います。

その年によって、流れている音があります。

この音はその年のエネルギーを表す銀河の音で1から13段階であり、1年ごとに1つずつ増えていきます。13までいったら、また1に戻ります。これは13年サイクルの年数にリンクしています。

また、1の音には意思決定に最適なエネルギーがある、2の音の時には取捨選択に最適なエネルギーがあるなど、数字によって持っているエネルギーの意味が変わってきます。

自分が何色の時代の何年目を過ごしているかがわかると、その年の過ごし方の目安がわかります。

音1	音2	音3	音4	音5	音6	音7	音8	音9	音10	音11	音12	音13
起	承	転	結	起	承	転	結	起	承	転	結	ギフト
意思決定の年。これから始まる新たな13年の意志を決定しましょう	選択(取捨選択)する年。人間関係を通して内面を磨く年	物事を融合させていく年。協力関係を築いていく年	深堀していく年。探究し安定させていく年	13年の中心を定める年。底力が出せる時、目標設定が大切	活発に動いていく年	情報がたくさん入ってくる年。絞っていく年	協力者、支持者づくりの年	拡大のエネルギーが流れる年	実際に形になる年	いらないものを削ぎ落とし天に委ねる年(試されごと、浄化)	おおかたの結果を出す年。問題が解消しやすい年	結果が出る年。予期せぬギフトの年

コラム 4 「鏡の向こうキン」と「絶対反対キン」

終章で読み解く関係性には、神秘キン、類似キン、反対キン、ガイドキンのほかに、じつはもう2つ関係性のあるナンバーがあります。それが「鏡の向こうキン」と「絶対反対キン」です。

「鏡の向こうキン」 は260の中でたった一つ。

算出方法は261から自分のキンナンバーを引き算してください。

例えばキンナンバーが31の場合、「261−31＝230」。よって230のキンナンバーの持ち主があなたにとって鏡の向こうキンになります。

このキンナンバーの持ち主は、まさに鏡の向こうのあなたのごとく、自分の隠れていた才能を引き出してくれる関係。本来の自分の姿に戻るための必要なエネルギーを持っている人です。同じ時間、空間を過ごしている間、お互いにエネルギー充電が起

第四部 あなたの人生の道しるべとなる「4つの時代」とは

こります。出会った瞬間、どこか懐かしい思いやとても惹かれる感じがするのが理想です。

鏡の向こうキンに出会えた時は宇宙に応援されているというサイン。今の方向性で合っているという証拠です。

「絶対反対キン」 も260キンの中でただ一つ。

自分のキンナンバーが131以下の場合は130をプラスし、131以上の場合は130を引いた数になります。

例えば、キンナンバーが31の場合、「31+130=161」となり、161のキンナンバーの持ち主があなたの絶対反対キンという関係になります。キンナンバーの持ち主があなたの絶対反対キンとなります。

絶対反対キンの人は、自分にとって最高の学びの人。自分の立ち位置からみて地球の真裏に立っているような人ですので、自分が見えない景色を教えてくれる人です。

絶対反対キンの人に出会った時は人生において、リセット・再出発の時期がきているかもしれません。是非、この2つのナンバーを算出して覚えておいてください。

エピローグ

〜マヤ暦は運命を開く「気付きの学問」〜

最後までお読み下さり、ありがとうございました。

いかがでしたか？

この本を通じて少しでもマヤ暦に触れていただき、その良さを少しでも知っていただけたらこんなに嬉しいことはありません。

本の中でも何度も説明しましたが、マヤ暦には吉や凶といった考え方はありません。ですので、ほかの占いのように大殺界や天中殺もありません。すべては、その人の捉え方、考え方でどうにでもなるのです。マヤ暦は「気付きの学問」であり、本来の自分の姿に戻るためにたくさんの気付きが訪れます。それが、私がマヤ暦にひかれた大きな理由のひとつでもあります。

つまり、何か出来事が起きた時に、それをいいか悪いか決めているのは私たち。その人のものの見方ひとつで良くも悪くもなってしまいます。

結局何事も、良いとか、悪いとかを決めているのは、私たちの主観なのです。

エピローグ

要はその出来事を通して何に気付くかが大切であり、気付きやすくしてくれるのがマヤ暦なのです。

私も人生でさまざまな経験をしてきましたが、そのおかげで今の私があります。そして今の私が「幸せ」だと感じているのであれば、私にとって過去の体験（離婚や不妊など）が良いものになりますし、今の私が不幸だと思っているのであれば、過去の体験は今でも私にとって最悪なもののままです。

結局、今が幸せだと感じている人は、過去をも全部肯定することができるのです。それはまるで、オセロの黒が白にひっくり返る感覚です。

でも今が不幸せだと感じている人は、過去に対しても否定的なところがあります。あれのせいで、あの人のせいで……。まだまだ過去の体験を悪いものとして捉えているので、オセロは黒のままなのです。

でもこれも考え方ひとつで、今からでも白にひっくり返すことはいくらでもできるのです。

それは今が幸せだということに気付くこと。

人は今、幸せだと感じることができれば、過去は全て肯定できるのです。

過去の経験は自分にとって、何ひとつ悪いことはなかった、全部意味があって起きたことだ、と考えることができるようになります。

だからこそ、自分と自分以外の人は、本来違うものなのだということを知ることが大切です。

特に、人が抱えている悩みは、人にまつわることがほとんどです。

それは自分の親や子供だってそうです。

たとえ自分が産んだとしても違うのです。

もちろん夫も、お姑さんも、上司も、友人もみな違います。

エピローグ

それを知るだけで、とてもラクになります。

あぁ自分は人と違っていいんだ、違うことが当たり前なんだと思えると、逆に人を許すことができて、何でわかってくれないんだろうとか、何であんな言い方するんだろう？　という人に対する悩みも少なくなります。

その考え方の手助けをしてくれるツールのひとつがマヤ暦なのです。

ぜひあなたの暮らしの中にもマヤ暦を取り入れていただいて、あなた自身が自分の光で輝き、その光でぜひ周りの人も照らしてくださいね。

最後になりましたが、出版社のみなさま、マヤ暦をとてもわかりやすく教えてくださった、一般社団法人シンクロニシティ研究会代表　越川宗亮様、M・A・P・株式会社代表取締役齊藤はつえ様、いつも支えてくださる生徒のみなさま、そして全国のアドバイザー仲間、最大の理解者である夫にこの場をお借りして感謝申し上げます。

マヤ暦を学んでみたい方は、全国におります一般社団法人シンクロニシティ研究会認定アドバイザーにぜひ教わってくださいね。

「すべてはだんだん良くなっている」

今日もご機嫌さんな1日を！

木田　景子

巻末付録

① 関係性について知る
② 何色の時代を生きているか知る

太陽の紋章について

	ガイド	
反対		類似
	神秘	

氏名_____KIN_____音_____

ウェイブ・スペルについて

反対		類似
	神秘	

太陽の紋章について

	ガイド	
反対		類似
	神秘	

氏名_____KIN_____音_____

ウェイブ・スペルについて

反対		類似
	神秘	

太陽の紋章について

	ガイド	
反対		類似
	神秘	

氏名_____KIN_____音_____

ウェイブ・スペルについて

反対		類似
	神秘	

付録1 関係性について知る

名前	生年月日 年　月　日	KIN	音
太陽の紋章	ウェイブ・スペル		

赤の時代	1	2	3	4	5	6	7	8	9	10	11	12	13
自分の年齢													

白の時代	1	2	3	4	5	6	7	8	9	10	11	12	13
自分の年齢													

青の時代	1	2	3	4	5	6	7	8	9	10	11	12	13
自分の年齢													

黄の時代	1	2	3	4	5	6	7	8	9	10	11	12	13
自分の年齢													

付録2　何色の時代を生きているか知る

記入例　①生年月日から自分のキンナンバーと音、紋章を出す。
P56の早見表1から自分のキンナンバーを割り出します。P57～58の早見表2から太陽の紋章とウェイブ・スペルと音を割り出します

名前	生年月日	KIN	音
○○○○	1984年 9月 16日	31	5
太陽の紋章	ウェイブ・スペル		
青い猿	青い手		

赤の時代	1	2	3	4	5	6	7	8	9	10	11	12	13
自分の年齢	22	23	24	25	26	27	28	29	30	31	32	33	34
	74	75	76	77	78	79	80	81	82	83	84	85	86

白の時代	1	2	3	4	5	6	7	8	9	10	11	12	13
自分の年齢	35	36	37	38	39	40	41	42	43	44	45	46	47
	87	88	89	90	91	92	93	94	95	96	97	98	99

青の時代	1	2	3	4	5	6	7	8	9	10	11	12	13
自分の年齢	48	49	50	51	0	1	2	3	4	5	6	7	8
	100	101	102	103	52	53	54	55	56	57	58	59	60

黄の時代	1	2	3	4	5	6	7	8	9	10	11	12	13
自分の年齢	9	10	11	12	13	14	15	16	17	18	19	20	21
	61	62	63	64	65	66	67	68	69	70	71	72	73

②ウェイブ・スペルの色と音の数字が対応するところから自分の年齢を記入していくと、何歳の時に何の色の時代を生きているかわかります

本文デザイン／浦郷和美
本文DTP／森の印刷屋
編集協力／長谷川華
企画協力／糸井浩

著者紹介

木田景子
(KIN188 黄色い星 青い夜 音6)
マヤ暦ライフアドバイザー。越川宗亮氏が主催する「一般社団法人 シンクロニシティ研究会」でマヤ暦を学び始める。シニアアドバイザーの資格を取得後、東京・目白にサロンを持ちながら全国で講座を開講。マヤ暦のリズムで生きることで、自分本来の幸せを取り戻した経験をもとに、多くの女性に幸せになってもらいたいと、本書では生まれた日をマヤ暦で読み解き「本来の自分に戻り、より多くの幸せを感じる」ヒントをまとめた。

公式HP　http://kidakeiko.com/
ブログ　https://ameblo.jp/mayan-lamat/
一般社団法人 シンクロニシティ研究会
http://www.maya260.com/

幸運が舞いおりる「マヤ暦」の秘密

2018年2月1日　第1刷
2019年2月15日　第2刷

|著　者|木田　景子|
|発　行　者|小澤源太郎|

責任編集　株式会社 プライム涌光
　　　　　電話 編集部 03(3203)2850

発　行　所　株式会社 青春出版社
東京都新宿区若松町12番1号　〒162-0056
振替番号　00190-7-98602
電話 営業部 03(3207)1916

印　刷　中央精版印刷　製　本　大口製本

万一、落丁、乱丁がありました節は、お取りかえします。
ISBN978-4-413-23070-4 C0076
© Keiko Kida 2018 Printed in Japan

本書の内容の一部あるいは全部を無断で複写(コピー)することは著作権法上認められている場合を除き、禁じられています。

中学受験 偏差値20アップを目指す
逆転合格術
西村則康

邪気を落として幸運になる
ランドリー風水
北野貴子

男の子は「脳の聞く力」を育てなさい
男の子の「困った」の9割はこれで解決する
加藤俊徳

入社3年目からのツボ
仕事でいちばん大事なことを今から話そう
森　憲一

他人とうまく関われない自分が変わる本
長沼睦雄

青春出版社の四六判シリーズ

たった5動詞で伝わる英会話
晴山陽一

子どもの腸には毒になる食べもの　食べ方
丈夫で穏やかな賢い子に変わる新常識！
西原克成

働き方が自分の生き方を決める
仕事に生きがいを持てる人、持てない人
加藤諦三

あなたの中の「自己肯定感」がすべてをラクにする
原　裕輝

幸運が舞いおりる「マヤ暦」の秘密
あなたの誕生日に隠された運命を開くカギ
木田景子

お願い　ページわりの関係からここでは一部の既刊本しか掲載してありません。折り込みの出版案内もご参考にご覧ください。